同济大学高质量发展系列丛书

芳华绽放

新时代同济文化建设案例集
（2018—2023）

主　编 / 吴广明

副主编 / 端木怡雯　邹晓磊　顾旭峰

同济大学出版社
TONGJI UNIVERSITY PRESS
·上海·

图书在版编目（CIP）数据

芳华绽放：新时代同济文化建设案例集：2018—2023 / 吴广明主编 . -- 上海：同济大学出版社，2023.10

（同济大学高质量发展系列丛书）

ISBN 978-7-5765-0681-5

Ⅰ. ①芳… Ⅱ. ①吴… Ⅲ. ①同济大学—校园文化—建设—案例—汇编— 2018-2023 Ⅳ. ① G649.285.1

中国国家版本馆 CIP 数据核字（2023）第 177799 号

芳华绽放
——新时代同济文化建设案例集（2018—2023）

主　编：吴广明

副主编：端木怡雯　邹晓磊　顾旭峰

责任编辑　尚来彬
责任校对　徐春莲
封面设计　王　翔

出版发行　同济大学出版社　www.tongjipress.com.cn
　　　　　（地址：上海市四平路1239号　邮编：200092　电话：021-65985622）
经　　销　全国各地新华书店、网络书店
印　　刷　上海安枫印务有限公司
开　　本　787mm×1092mm　1/16
印　　张　21
字　　数　524 000
版　　次　2023年10月第1版
印　　次　2023年10月第1次印刷
书　　号　ISBN 978-7-5765-0681-5
定　　价　148.00元

本书若有印装质量问题，请向本社发行部调换　　版权所有　侵权必究

同济大学高质量发展系列丛书

编委会

主　任　方守恩　郑庆华

编　委　冯身洪　吕培明　吴广明　顾祥林　方　平　雷星晖
　　　　　陈义汉　彭震伟　童小华　娄永琪　赵宪忠

芳华绽放

新时代同济文化建设案例集
（2018—2023）

编委会

王小莉	王晓国	印小晶	朱云杰	许秀锋	许嘉城	孙宜学	运　迪
李建昌	李疏贝	李　静	李　睿	吴广明	吴　赟	邹晓磊	宋建华
张艳丽	张铭旭	陆英楠	陈　红	林　强	周宏武	周　玮	郑彧豪
宗　骞	赵　盈	段存广	聂阳阳	莫文闻	顾旭峰	倪佩琼	徐莹琳
凌昱晨	黄艾娇	喻　娟	慎金花	端木怡雯			

总 序

同济大学始终与中华民族命运休戚与共、与祖国科教事业心手相牵、与上海城市发展相濡以沫。

2018年第十一次党代会召开以来，同济大学坚持以习近平新时代中国特色社会主义思想为指导，全面贯彻落实党的二十大精神，坚持同济天下，不断追求卓越，在高质量推进建设具有全球影响力的中国特色世界一流大学和一流学科方面取得显著进展和可喜成绩，书写了新时代以中国式现代化全面推进中华民族伟大复兴的同济篇章。

在中国共产党同济大学第十二次代表大会即将召开之际，学校党委全面总结了学校过去五年在党的建设、人才培养、学科建设、队伍建设、科学研究、社会服务、国际合作和文化建设等方面的经验和成效，编撰了"同济大学高质量发展系列丛书"。丛书共六册，包括《奋楫争先——同济大学发展报告（2018—2023）》《本固枝荣——同济大学党建示范创建和质量创优工作典型案例集（2018—2023）》《文成于思——同济大学党建研究成果集（2018—2023）》《百舸竞渡——同济大学教师思想政治工作案例集（2018—2023）》《芳华绽放——新时代同济文化建设案例集（2018—2023）》《阅水成川——同济大学"三全育人"综合改革案例集（2018—2023）》。

丛书既是向所有关心、支持和帮助同济大学的师生校友和社会各界人士所做的汇报，也是对中国特色世界一流大学建设经验的总结，可为新时代扎根中国大地建设世界一流大学提供参考，推动更好更快建设中国特色世界一流大学。

前 言

　　大学文化是一所大学在长期办学过程中形成的历史积淀、创新品格和价值取向，随着高等教育的不断变革发展而不断赋予鲜明的时代内涵，形成凝聚人心、推动发展的环境浸润和精神引领，激发师生"学术与育人"的第一价值追求和追求卓越、创新发展的内在活力。

　　同济大学建校116年来，经历了建校初期艰难创业中的和衷共济、吴淞时期跻身国立中的自强不息、抗战时期六次迁校中的弦歌不辍、中华人民共和国成立初期学科布局中的重大调整、改革开放快速发展中的全面振兴，以及新时代"双一流"建设中的卓越奋进，历尽艰辛、百折不挠，谱写了"与祖国同行，以科教济世"的辉煌篇章。

　　同济大学第十一次党代会以来，学校党委深入贯彻落实党的十九大和二十大精神，坚持中国特色社会主义文化发展道路，发展社会主义先进文化，弘扬革命文化，传承中华优秀传统文化，深入推动"文化导向引领""文化环境培育""文化载体支撑""文化影响传播"四大平台建设，涵养践行新时代同济文化，不断提升大学文化软实力和同济文化影响力。

　　五年来，学校党委坚持社会主义核心价值观引领，用社会主义先进文化培根铸魂。获评"全国文明校园"并持续巩固建设成果，系统加强政治理论学习，全时域开展爱国主义教育、公民道德和法制教育，积极宣传"同济大先生"和师生校友优秀典型，弘扬科学家精神，培育优良学风，使高尚的理想追求成为新时代同济人的自觉行动。

　　五年来，学校党委践行弘扬伟大建党精神，传承同济红色血脉。深入挖掘校本红色资源，以丰富的载体和生动的形式呈现给广大师生，使革命文化融入师生的精神世界，形成强大丰富的教育能量和持久深厚的精神动力，激励师生牢记使命、勇于担当，使红色基因在新一代同济青年学生中接续传承。

　　五年来，学校党委大力传承中华优秀传统文化，引领师生坚定文化自信自强。

加强教育部中华优秀传统文化传承基地建设，打造校园传统文化地标和活动品牌，构筑中华文化的根基和精神家园，师生艺术修养与文化自信持续提升，形成大学人文精神的基础和不竭源泉。

五年来，学校党委深入总结同济大学发展历史，践行弘扬"同济天下、崇尚科学、创新引领、追求卓越"为特质的新时代同济文化。立足党和国家所处的新的历史方位以及学校所处的新发展阶段，构建大学文化格局，凝练学院学科精神，建设学科文化基地，持续传承和发展同济精神，形成推进学校事业发展和"双一流"建设的磅礴精神力量。

五年来，学校党委高度重视优化文化环境和丰富校园文化，建设大美校园。加强校园文旅建设、文化场馆建设，推进校区文化建设专项计划，推进大中小学文化一体化建设，形成全覆盖、多层次、多类型的文化浸润体系和文化育人合力。丰富文化载体平台和文化艺术活动，弘扬中华美育精神、体育精神和劳动精神，学校各类文化活动策划组织能力和师生文化素养、鉴赏能力极大提升。

五年来，学校党委强化大学精神输出，提升先进文化影响传播力。加强以"人工智能赋能融媒体"为特色的融媒体中心建设和网络文化阵地管理，加速构建全媒体传播生态。深入开展"中华优秀文化走出去"工作，将同济文化融入中国特色社会主义文化，加强国际传播能力，向全世界讲好同济故事、中国故事。

党委宣传部协同各单位各学院认真总结五年来同济大学文化建设的经验，以及大学文化"十四五"规划建设的成果，甄选案例，汇编成册，展现芳华，继往开来。

新篇章即将开启，同济人将深入学习贯彻习近平文化思想，赓续红色文脉，以创新的精神、开放的姿态、务实的行动践行新时代同济文化，继续打造以学术与育人为第一价值追求的文化家园，朝着建设中国特色世界一流大学目标开启新的征程。

本书编委会

2023 年 10 月

目 录

总序
前言

文化引领　培根铸魂

党建作统领，文明树新风，建设"全国文明校园"　3

旗帜领航，守正创新　12

"入脑入心""有声有色""身临其境"，开展新时代爱国主义教育　20

高扬凝心聚力的中国精神，鼓舞同济师生奋斗逐梦　27

党史育人强基固本，时代声音凝心聚魂　33

搭建平台创新载体，践行网络文化育人使命　39

涵养新时代同济文化，传承发展同济精神　46

坚持"三好"并重，激励争做"大先生"　53

追求卓越，记录每一个闪光的名字　57

文化环境　凝神聚气

于无声处塑精神，于有形地蕴品格　67

打造四季名片，传承校园景观文化　75

时空交错，打造智能厚重的"建筑可阅读"　81

激活学生社区"微细胞"，构建文化育人"强磁场"　87

同济风华，凝聚星芒　95

两堂两馆多校区协同，百卉千葩多渠道育人　103

"以展建藏"谱新篇,"展课结合"育新人 *110*

传承学科文化,弘扬科学精神 *117*

打造服务育人文化品牌,彰显同济后勤责任担当 *125*

同济国际人文"会客厅",你中意哪一个? *133*

文化载体　五彩纷呈

同体之强,济国之盛 *145*

文化建设作引擎,校园文化谱新篇 *154*

艺术点亮生命,美育丰盈人生 *159*

加强艺术社团及团体建设,弘扬中华美育精神 *164*

满足教职工多元需求,助力校园文化建设 *172*

歌声叙史文艺育德,赓续传统开拓创新 *180*

坚定文化自信,构建中华优秀传统文化育人新模式 *186*

以美培元,多维度彰显京昆艺术的魅力 *192*

以文化人,筑牢"中国文化"精神根基 *201*

传播校史文化,凝聚同济精神 *206*

赓续同济红色血脉,培根铸魂育时代新人 *215*

创新校园舞台,书写红色论文 *222*

山河行过书声琅琅,纪录片演绎同济精神 *230*

文化影响　深远绵长

以人为本，以情为线，做好新时代"大先生"主题宣传　239

同济文化破圈传播，名师大家亮相央视《开讲啦》　245

银发知播，感动中国　251

《听 Ta 说》，在云端创新"四史"学习教育　257

"数学外卖"，打造学业帮扶"助学云平台"　262

强化"微公益"理念，探索公益传播新模式　268

携手并肩同行，推动大中小学校文化一体化　274

加强文化国际交流，在多元文化交流互鉴中增强文化自信　282

致知力行，红色济译　287

发挥留学生优势，传播中国故事　294

展示同济形象，聚力全球传播　300

打造"同济学术品牌"，展现同济出版文化传播新风格　307

讲好同济故事，提升大学文化传播力　317

后记

芳华绽放

文化引领　培根铸魂

同济大学一直秉持"与祖国同行,以科教济世"的传统,在文化建设过程中深化凝聚同济精神,践行矢志不渝的爱国精神、同舟共济的团结精神、自强不息的奋斗精神、严谨求实的科学精神。近年来,党委坚持社会主义核心价值观引领,用社会主义先进文化、革命文化、中华优秀传统文化培根铸魂,获评"全国文明校园"并持续巩固精神文明建设成果。积极开展理想信念教育,系统加强政治理论学习,全时域开展爱国主义教育、公民道德和法制教育。传承发展同济精神,涵养"同济天下、崇尚科学、创新引领、追求卓越"为特质的新时代同济文化,积极选树与宣传"同济大先生"和师生校友优秀典型,弘扬科学家精神,培育优良学风,使高尚的理想追求成为新时代同济人的自觉行动。

党建作统领，文明树新风，建设"全国文明校园"

【核心阅读】

党的二十大报告指出，要深入开展社会主义核心价值观宣传教育，统筹推动文明培育、文明实践、文明创建，推进城乡精神文明建设融合发展，培育时代新风新貌，着力培养担当民族复兴大任的时代新人。同济大学高度重视精神文明建设，连续20年获评上海市"文明单位""文明校园"，2011年起成为"全国文明单位"，2020年获评"全国文明校园"。近年来，学校对照"六个好"的标准，巩固全国文明校园建设成果，以党建作统领，践行社会主义核心价值观，树校园文明新风，努力培养担当民族复兴大任的时代新人，在扎根中国大地、推动建设世界一流大学的征程中迈出了坚实的步伐。

【做法与成效】

一、坚持党对学校工作的全面领导，切实履行党委"三大主体"责任，牢牢把握社会主义办学方向

按照社会主义政治家和教育家标准，制定校领导班子行为要求等规章制度，校领导班子带头提高政治站位，加强党性修养，把主要精力放在学校管理上。制定党委全委会、

校党委全委会

党委常委会和校长办公会议事规则，加强会前专题研究，落深、落细、落实党委领导下的校长负责制。制定二级党组织和支部党建工作质量标准，三大主体责任层层压实，"四责协同"机制不断完善。每年更新深化巡视整改任务清单，不断深化巡视"后半篇文章"。扎实开展"不忘初心、牢记使命"主题教育、"四史"学习教育、党史学习教育和学习贯彻习近平新时代中国特色社会主义思想主题教育，不断巩固教育成果。出台中层干部履职尽责有关规定，切实加强干部作风建设。

学校入选首批十所全国党建工作示范高校培育单位，并实现校、院、支部三级党建示范"大满贯"。切实加强党建与业务的融合，2019年已实现教师党支部书记"双带头人"全覆盖，各级党组织政治功能和组织力明显提升，学校各项事业加快推进。

二、围绕培养担当民族复兴大任的时代新人目标,全面加强思想道德建设,提升师生政治文明素养

学校党委把深学细悟习近平新时代中国特色社会主义思想作为首要政治任务,构建了领导领学、干部党员必学、师生共学的理论学习机制,周二下午参加集中学习已成为全校师生的习惯。把加强马克思主义学院和学科建设作为重要政治任务,加强思政理论课建设和课程思政改革,推动党的创新理论进教材、进课堂、进头脑。打造"全场域、全时段、全媒体、全覆盖"的宣传教育氛围,加强先进典型选树和宣传,积极培育和践行社会主义核心价值观。定期开展校内文明创建评比和表彰,广泛开展学雷锋志愿服务,不断提高师生思想道德素质。

坚持师德师风第一标准,强化教师思想政治教育,严把教职工入口关。坚持教育引

校领导在学生运动纪念园缅怀英烈

导、制度规范、监督约束、查处警示并举,建立师德师风长效机制。实施"同心筑梦""同行致远""育才济人""奉献济世"四个工程,不断提升教师思想政治素质,培育良好师德风尚,提高教师育人育德能力。

压实意识形态工作责任制,完善各类阵地管理规章制度。积极探索网络传播和教育方式创新,加强校内媒体建设,用充满正能量的内容占领网络和新媒体阵地,让社会主义核心价值观在潜移默化中入脑入心。定期开展网络素养教育,引导师生形成科学、文明、健康、守法的上网意识和习惯。

学校高度重视廉洁文化建设,把廉洁文化建设融入党风、教风、学风、医风、家风建设各领域,建立党委统一领导,各相关部门和单位密切配合、师生员工共同参与的工作机制。通过广泛开展党性党风党纪教育、法律法规教育等纪律宣讲、组织开展师生廉洁文化作品征集评选、举办廉洁文化展览、编发典型案例汇编等,把正面引导与反面警示结合起来,大力倡导崇尚廉洁的价值理念,为营造风清气正的校园政治生态和良好育人环境提供思想保障和文化支撑。

同济大学全面从严治党暨警示教育会议

近年来，学校涌现出全国"道德模范"汪品先、全国"最美教师"郑时龄、全国"最美高校辅导员"李睿、全国"优秀党务工作者"朱兴一、"全国优秀研究生党员"李昂等一大批先进典型。孙钧等 10 余名同济"大先生"、全国劳动模范姚启明、黄大年式教师团队李国强团队高绍荣团队、上海市优秀共产党员吕西林、医德标兵赵旭东、"科学姥姥"吴於人、"90 后"辅导员张桁嘉、无臂青年彭超攻读研究生等事迹，由校内外媒体平台协同报道，产生具有全国影响力的文明示范效应。

三、坚持发挥文化的育人功能，注重大学精神的传承和引领，加强校园文化建设，推动文化传承创新

重视以文化人、以文育人，深入挖掘学校红色基因。通过舞台剧、图书、展览、影视片等方式弘扬学校优良传统，加强校史、校训、校歌育人，开展同济校史挖掘工程和同济口述史项目，弘扬同济优良传统和治学精神。

形式多样开展文明宣导，建设优良的校风、教风、学风。不断完善学校文体设施，组织开展丰富多彩的文化活动和体育竞赛，积极推进京昆艺术、二十四节气等传统文化育人，牢固树立师生的文化自信。获批教育部首批"中华优秀传统文化传承基地"，入选教育部"礼敬中华优秀传统文化"示范和展示项目 5 项、高校原创文化精品项目 1 项。近年来，每年获评"全国高校网络教育优秀作品推选展示活动"一等奖。

学校不断提升艺术节、"高雅艺术进校园"、"非遗文化进校园"等活动的文化品质，每年举办 60 多场高质量专业演出。学校充分考量嘉定校区文化特点和学院学科文化特色，启动"嘉定校区校园文化建设年"和"嘉定校区文化建设品质提升三年行动计划"，围绕大交通学科、国际化、水上运动、技术与艺术交融等特色，不断推进嘉定校区大学文化建设，打造有品质的校园文化。加强国际文化交流，支持学生境外文化交流。积极参与组织教育部、上海市文化活动，精心打造"上海市大学生公益广告大赛"等品牌项目。

校党委书记方守恩启动嘉定校区校园文化建设年

四、深入推进学校综合改革，坚持质量优先，促进内涵式发展，不断提升办学实力和水平

学校紧紧围绕立德树人根本任务，纵深推进"三全育人"综合改革，构建十大育人体系，持续提升人才培养质量。入选全国首批"三全育人"综合改革试点高校。60个专业进入国家一流本科专业（"双万计划"），20个专业通过国际认证（其中12个工程教育专业认证），50余项成果获国家教学成果奖。院士、杰青等高层次人才大幅增加，国家重点研发计划数、国家科技奖项数、国家自然科学基金项目数等均居全国高校前列。聚焦基础研究和原始创新，科技创新平台建设成绩显著，为上海建设具有全球影响力的科创中心贡献同济力量。

学校擦亮社会主义大学的马克思主义鲜明底色，2019年获批建设全国重点马克思主义学院。获批2个教育部课程思政示范中心和2门课程思政示范课程，4门思政理论课都是国家、上海市精品课程，并率先开设"习近平新时代中国特色社会主义思想概论"课程，入选上海高校课程思政整体改革领航高校。

校长郑庆华作全面提升人才培养质量的报告

强化顶层设计，构建"大类招生、大类培养和大类管理"人才培养新模式，被教育部作为典型经验介绍。本科新生提交入党申请书比例持续增长。"学生社区综合育人平台建设"入选教育部思想政治教育精品项目。连续多年实施"青松计划"，开展"扬帆奖"评选，强化资助育人，毕业生赴重要领域、重点行业就业率超70%，近年来赴西藏就业的毕业生达20人，位居上海高校前列。

五、围绕文明校园目标，不断优化校园环境，确保平安校园、健康校园建设到位

科学规划校区功能定位，调整优化校区布局。不断完善各类设施，加强校园环境治理。推进无车校园建设，校园中心区域机动车禁行。建设环校园健康步道，改造校园照明系统，保证学生夜间安全。持续提升学校平安创建工作水平和后勤服务质量，积极推进落实"光盘"行动，厉行节约、制止浪费，精细化开展垃圾分类工作，推动"无烟校园"建设，不断提高师生满意度。近年来，每年通过资源回收实现垃圾减量600吨。在2020年泰

晤士高等教育世界大学可持续发展综合指标中，位居全球十三、亚洲第一。学校高度重视安全校园建设，具有完备的突发公共事件应急处置工作机制，持续开展安全教育，确保了无重大安全生产、食品安全责任事故。

六、强化社会责任担当，展现学校良好形象

同济师生积极落实《新时代爱国主义教育实施纲要》，把爱国热情化为报国之行，在北京城市副中心和雄安新区规划、大兴国际机场建设和筹备运营进度管控、港珠澳大桥人工岛及沉管隧道关键技术、"嫦娥"落月避障、长三角智慧城市一体化、上海进博会馆内导航、杨浦滨江改造设计等国家重大工程建设和重大活动中，不断贡献"同济智慧"。对口扶贫的云南省云龙县已实现脱贫摘帽，扶贫项目分别入选教育部和上海市精准扶贫十大典型。主动服务乡村振兴战略，成立全国首家乡村振兴学院。同济师生每年参加各种志愿服务4万余人次。征兵工作每年都圆满完成。无偿献血人数连续保持上海高校第一。

【思考与展望】

文明校园的创建永远在路上。未来，同济大学将深化巩固"全国文明校园"建设成果，持续倡导树立校园文明新风。一是坚持党的全面领导，引领学校各项事业持续发展谱写新篇。把深学细悟习近平新时代中国特色社会主义思想作为首要政治任务，通过抓党建示范，使党员干部干事创业的精气神更加提振，师生员工追求卓越、争创一流的热情更加高涨，学校各项事业加快推进，办学实力、学术创新和服务社会能力稳步提升。二是落细落小落实社会主义核心价值观，树立校园文明新风。以爱国主义教育引领师生树立社会主义核心价值观。以主题短视频、微信朋友圈定向广告等为载体，通过先进选树、文明表彰，形成了"全场域、全时段、全媒体、全覆盖"的宣传教育氛围，使践行社会主义核心价值观成为师生的自觉行为，校园充满文明新风。三是纵深推进"三全育人"综合改革与示范，培养担当民族复兴大任的时代新人。深化"大类招生、大类培养

和大类管理"人才培养新体系。把加强马克思主义学院和学科建设作为重要政治任务，实现所有课程"课程思政"全覆盖。开展校史和红色文化育人。用足全媒体矩阵，强化网络育人。积极营造优美的校园环境，促进学生健康成长。

党委宣传部：顾旭峰；档案馆：邹晓磊

芳 华 绽 放

旗帜领航，守正创新
——用党的创新理论武装凝聚团结奋斗精神力量

【核心阅读】

学校党委把抓好伟大建党精神和党的创新理论学习研究作为宣传思想文化工作的龙头，引领党员干部和广大师生形成"与祖国同行，以科教济世"的壮阔情怀和不竭动力。学校扎实开展"不忘初心、牢记使命"主题教育、"四史"学习教育、党史学习教育和学习贯彻习近平新时代中国特色社会主义思想主题教育，深入学习宣传贯彻党的十九大和党的二十大精神，注重统筹谋划、系统设计，研机析理、深化阐释，守正创新、熔铸底色，在学懂、弄通、做实上下功夫，推动理论学习全覆盖、润人心、强实效，推动党的二十大精神在同济校园落地生根，以更强使命担当培育国之栋梁。

【做法与成效】

一、统筹谋划、系统设计，提升党的创新理论学习牵引力

学校党委注重顶层设计，确保一盘棋推进、一体化落实，切实用党的创新理论武装头脑、指导实践、推动工作，并努力将学习效果转化为推动学校各项事业高质量发展的

理念和能力。

（一）围绕主题主线，强化理论武装

坚持把深学细悟习近平新时代中国特色社会主义思想、党的十九大和二十大精神等作为首要政治任务，重点围绕"不忘初心、牢记使命"主题教育、"四史"学习教育、党史学习教育和学习贯彻习近平新时代中国特色社会主义思想主题教育等主题进行学习研讨。坚定不移用党的创新理论武装师生头脑，做到深学细悟笃用，推动走深走心走实。建立党史学习教育常态化长效化制度机制，将党史学习教育中激发的信念信心、热情激情转化为攻坚克难、干事创业的具体行动。师生们表示，将以更加昂扬的姿态奋楫扬帆再出发，在中国特色世界一流大学建设新征程中展现更大作为，为全面建设社会主义现代化国家、全面推进中华民族伟大复兴贡献更多智慧和力量。

（二）注重分众分类，突出示范引领

构建"党员自学、干部领学、专家导学、班子研学、实践检学"的理论学习机制，营造领导干部示范学、党员干部重点学、广大师生全员学的浓厚氛围。领导干部通过党委常委会、党委理论学习中心组学习、领导班子读书班等方式先学一步、深学一层。落实校院两级党委理论学习中心组学习制度，充分依托教职工理论学习、党支部"三会一课"、主题党日团日、主题班会、专题培训、研讨会以及社会实践等方式，开展专题学习研讨。着力打造"系统化、精准化、情景化、网格化"的学习体系，全校形成一级抓一级、层层抓学习的良好局面。做好教职工理论学习市内实践研学路线的设计及推广，开辟沉浸式理论学习场域。

（三）坚持多措并举，抓实理论宣讲

发挥学科优势，围绕理论热点，抓住时间节点，全方位构建宣讲队伍专家化、宣讲对象分众化、宣讲平台多元化、宣讲服务精细化的理论宣讲工作体系，形成领导干部带头讲、专家学者深入讲、党员师生广泛讲的"大宣讲"格局。打造"党委书记—基层党

组织书记—师生党员"宣讲圈层。选优配强学校宣讲队伍，组建理解透彻、表达出众、学科多元的宣讲团。依托时代声音传播社、理论+宣讲团等青年讲师团，打造青年学生理论传播阵地和思想交流矩阵。建立健全集体研讨、共同备课、试讲观摩、评价反馈、品牌塑造等宣讲链条，构筑理论宣讲常态化长效化工作机制。

二、研机析理、深化阐释，激活党的创新理论研究原动力

学校从政治高度、学理深度、历史厚度、实践维度深刻学习领会习近平新时代中国特色社会主义思想，通过集体备课、学术研讨会等方式开展研究阐释，并有机融入思政课教学和人才培养的全过程，切实将学科理论优势转化为党的创新理论研究阐释的强大动能。

（一）建强研究基地，提供坚实学理支撑

建立建强同济大学中国特色社会主义理论研究中心、上海市习近平新时代中国特色社会主义思想研究中心同济大学基地、同济大学上海新城建设研究中心、高校中国共产党伟大建党精神研究中心同济大学分中心、上海市人工智能社会治理协同创新中心等研究基地，发挥理论阵地优势，加大研究阐释力度。值得一提的是，高校中国共产党伟大建党精神研究中心同济大学分中心作为教育部、上海市共同成立的首批10家分中心之一，致力于建设高质量、复合型的宣传思想高地、理论研究阵地、育人育才宝地和决策咨询重地。

（二）坚持交叉融通，提升咨政建言能力

发挥多学科协同优势，加强优势学科与马克思主义理论的交叉，在人民城市理论、乡村振兴战略、生态文明建设、人工智能与社会治理五大方向组建学科交叉研究团队，在党的创新理论与实践的研究阐释上提供了同济观点。锚定党和国家战略全局与战略需求，面向全校教师布局新时代中国特色社会主义理论创新课题研究，着力推出更多有思

高校中国共产党伟大建党精神研究中心同济大学分中心成立仪式

想深度、理论分量和咨政质量的研究成果。五年来，校内专家在人民日报等各大媒体上发表署名文章共计700多篇。

（三）抓好"三进"工作，推动入脑入心入行

学校及时跟进学习习近平总书记最新重要讲话精神，以马克思主义学院为依托开展集体备课会，将党的最新理论成果融入思政课教学。校领导牵头开设"中国道路"课程，各学科专家联合开设"人民城市导论"课程，重点建设"习近平新时代中国特色社会主义思想概论"思政课，做好习近平新时代中国特色社会主义思想体系"三进"工作。深化课程思政改革创新，打造具有同济特色的标杆课程。通过举办贯彻党的创新理论的线上线下论坛、学术研讨会等，深钻细研其中蕴含的逻辑性道理、启发性哲理、深刻性学

"人民城市导论"课程团队赴杨浦滨江开展集体备课活动

理,对中国化时代化的马克思主义理论内涵进行更全面、更系统、更精准的阐释。

三、守正创新、熔铸底色,推动党的二十大精神落地生根

党的二十大胜利召开后,学校迅速兴起学习宣传贯彻二十大精神热潮,师生纷纷行动,反复研读二十大报告、成立师生宣讲团、推进二十大精神"三进",在学深悟透、弄通做实上见真章、出实效。学校党委扎实推进学习贯彻习近平新时代中国特色社会主义思想主题教育,全面落实"学思想、强党性、重实践、建新功"总要求,深入开展理论学习,大兴调查研究,推进检视整改,推动学校事业发展,实现"以学铸魂、以学增智、以学正风、以学促干"。

(一)优化顶层设计,以上率下联动

坚持把学习党的二十大精神作为理论学习的首要内容,第一时间制定并下发实施方

校党委书记方守恩向青年学生宣讲党的二十大精神

案。召开党委理论学习中心组（扩大）学习会和传达学习党的二十大精神大会，党委书记和校长带头领学党的二十大报告、传达二十大精神；党委书记为青年学子作党的二十大报告宣讲，其他党员校领导陆续在所联系学院、支部宣讲；把学习党的二十大报告作为党委常委会的"第一议题"，开展读原文学习。各二级党组织通过中心组学习、党支部"三会一课"、主题党日团日等形式组织学习。

（二）组建宣讲团队，推进"声"入人心

邀请中央宣讲团成员、中国工程院党组书记、院长李晓红来校作专题宣讲报告。组建由党的二十大代表、校领导、思政课教师等56人组成的党的二十大精神宣讲团以及165名青年师生代表组成的师生宣讲团。宣讲团专家骨干走进院系作辅导报告30余场，做到了全校二级单位全覆盖。青年师生讲师团用"学言学语""青言青语"把宣讲课堂搬进课堂、支部、班级、社团和"一站式"学生社区，搬进机关、企业、学校、乡村和社区。截至2023年10月，共开展理论宣讲1000余场次，覆盖23 000余人次。

学校召开"学习贯彻党的二十大精神宣讲团成立暨宣讲动员会"并颁发聘书

（三）深化研究阐释，筑牢理论阵地

对理论学习成果加以学术研究阐释，增强党的二十大精神学习宣贯成效。党委书记和校长等校领导以及校内专家学者在人民日报、光明网、解放日报等权威媒体发表理论文章20余篇。举行学习贯彻党的二十大精神暨"国家安全现代化与全面建设社会主义现代化国家"学术研讨会，为推进国家安全体系和能力现代化提供坚实的理论支撑，为深入学习贯彻落实习近平新时代中国特色社会主义思想和党的二十大精神贡献学术智慧。

（四）融入课堂教学，发挥主渠道作用

推进党的二十大精神第一时间有机融入思政课教学。时任校长陈杰在"中国道路"思政选修课上，以"人工智能赋能，多学科交叉，智能协同发展"为题，结合党的二十大精神，展望了我国新一代人工智能的发展机遇，勉励青年学子为加快推动新一代人工智能发展贡献智慧和力量。学校举行学习贯彻党的二十大精神暨"新时代课程思政教学设计与创新"学术研讨会，马克思主义学院组织集体备课，共同研讨推动党的二十大精

党的二十大代表、中国工程院院士、时任校长陈杰讲授"中国道路"课程

神"三进"的策略和方法。以加强课程思政建设为契机,把二十大精神之"盐"溶入专业教育之"汤",持续推进课程思政建设提质增效。

【思考与展望】

将深入学习宣传贯彻习近平新时代中国特色社会主义思想和党的二十大精神作为当前和今后一个时期的首要政治任务。学校党委将坚持创新理论学习机制,丰富研究阐释形式,深学细悟、笃行不息,切实把新时代党的创新理论转化为干事创业的强大动力。一是进一步推动理论学习有温度。坚持以广大党员干部师生需求为导向,紧密联系其思想和工作实际,主动提供"菜单式"课程、"点单式"宣讲和"送餐式"服务,以丰富的形式载体提升理论学习吸引力和感染力。二是进一步推动研究阐释有深度。持续以"大思政课"建设为载体,把党的创新理论学习有机融入思政课程与课程思政教学,建立常态化的集体备课、集中研讨和系统培训机制,推动新思想"冒着热气"进教材、进课堂、进头脑。三是进一步推动理论武装有效度。精心做好订制化方案,深入推进个性化供给,持续完善理论学习工作体制机制,打造一批具有同济特色的理论学习精品案例和品牌产品,增强党的理论武装的生动性和实效性,让理论武装接地气、聚人气、有灵气。

党委宣传部:王丽娜

芳 华 绽 放

"入脑入心""有声有色""身临其境",开展新时代爱国主义教育

【核心阅读】

学校十一次党代会以来,学校党委立足党和国家所处的新历史方位、学校所处的新发展阶段,围绕学习贯彻落实党的十九大及历次全会精神和党的二十大精神,充分用好"四史"资源和校史资源,固本培元、凝心铸魂,不断加强新时代爱国主义教育,弘扬爱国主义精神,将广大师生的爱国之情转化为报国之志、强国之行,在中国特色世界一流大学建设新征程中展现更大作为。

【做法与成效】

一、充分结合主题教育,让爱国主义教育"入脑入心"

以"不忘初心、牢记使命"主题教育、党史学习教育为牵引,深度赋能新时代爱国主义教育。联合中共一、二、四大会址纪念馆共同举办"'启航'——中国共产党早期在上海史迹展",与井冈山革命博物馆联合举办"跨越时空的井冈山精神主题展",与遵义会议纪念馆联合举办"伟大转折——遵义会议纪念馆主题展览",与延安革命纪念

启航——中国共产党早期在上海史迹展

馆联合主办"延安精神永放光芒"主题展，与中国工程院联合举办"党领导下的百年科技成果展"等大型展览，以及"不忘初心、牢记使命——陈云与党风廉政建设""中国梦，航空航天梦""永远的长征·舒同舒安书画巡展""新中国上海的99个瞬间""邮票中的'四史'"等系列展览，传承红色传统、赓续红色基因，引领师生"同济天下"的家国情怀，推动爱国主义教育走深走实，构建师生沉浸式、立体式大思政课堂。

不断创新爱国主义教育的方法手段，营造全校上下浓厚的爱党爱国氛围。立足学校学科特色，面向全校学生开设"中国道路"思政选修课，校党委书记、校长等校领导和名师大咖亲自授课，从道路交通、人工智能、对外交往等七个领域的实践探索与理论成果讲解中国道路、中国智慧，厚植爱国主义情怀；围绕"中国共产党人的精神谱系"，开办多期"中国精神"大讲堂。创作排演校园版歌剧《江姐》、原创民族实验歌剧《志丹，志丹》、校园精品红色剧目《霓虹灯下的哨兵》、原创舞蹈《终将见我微笑》等舞台艺术作品，以多样的艺术形式、丰富的史料、动情的话语，生动展现在民族独立和人民解放斗争中各行各业无名英烈坚定的革命信念。

二、聚焦重大时间节点，让爱国主义教育"有声有色"

学校每年通过多种形式，围绕烈士纪念日、庆祝中华人民共和国成立70周年、中国共产党成立100周年等时间节点，通过举办系列主题活动向师生展示在党的带领下新

同济大学与革命场馆合作举办多项红色展览

中国建设取得的伟大成就，同时展现同济师生为新中国建设作出的重要贡献，激发师生的爱国热情和自豪感、责任感、使命感。

每年10月1日举行主题升旗仪式，并每周常态化开展院级升旗仪式；举办"不忘初心、牢记使命，与祖国同行、以科教济世"同济大学庆祝中华人民共和国成立70周年主题党课，讲述一代代同济人与国家民族同呼吸共命运，不懈奋斗的动人故事；组织开展"歌唱祖国""永远跟党走"主题师生合唱比赛，50支队伍共3000余名师生为党为国深情放歌；举行同济大学庆祝建党100周年主题音乐会和以"初心济前路，永远跟党走"为主题的同济大学庆祝中国共产党成立100周年暨建校114周年晚会，校党委书记方守恩为老中青师生党员代表佩戴党徽，让信仰的力量在同济人中接续传承；举行纪念同济爱国学生运动、烈士纪念日同济英烈献花祭扫、纪念"八一三"淞沪会战85周年等主题活动，引导广大师生传承红色基因，激发爱国热情。

"初心济前路，永远跟党走"庆祝中国共产党成立100周年暨建校114周年晚会

三、充分利用丰富资源，让爱国主义教育"身临其境"

"中国是我的中国，也是你的中国，中国是中国人的中国！革命者只能站着死，绝不下跪。"台上的少年面色坚定，台下数千名学生凝神倾听。《觉醒年代》中陈延年的扮演者发出的铿锵话语，让人瞬间想起剧中那令人动容的一幕：29岁的陈延年和26岁的陈乔年，决心为了国家的强大和民众的幸福而牺牲一切，他们赤脚踩过血河，大步向前，在英勇就义前回头一笑。这是《觉醒年代》主创人员走进同济大学对剧中台词的再现，一场跨越百年的"对话"，让现场师生沸腾。这堂党课吸引了上万名大学生报名抢票，场内座无虚席。2021年4月25日中午，龙华烈士陵园内，一派庄严肃穆。在烈士墓区，《觉醒年代》编剧、中共中央原文献研究室第三编研部主任、同济大学特聘教授龙平平，青年演员张晚意、马启越，手持菊花分别来到陈延年、陈乔年两位烈士的墓碑前，默哀、鞠躬、献花，随后龙平平教授在烈士陵园内向同济学子开展了一堂以"百年回望，溯源

龙平平教授在烈士陵园为同济学子讲授实景党课

初心"为主题的实景课程,讲述党的初心故事,号召新时代的新青年,继承革命先烈遗志,奋发有为、砥砺前行。"100年前,是你们用鲜血觉醒时代,抛头颅洒热血,为中国人开天辟地,建立了一个新的国家。100年后的今天,我们有幸站在这里,一起书写《觉醒年代》的续集,望这盛世是对先烈最好的铭记。吾辈当自强,我们将永远秉承觉醒年代的精神力量,以青春之自我创造青春之国家,实现中华民族伟大复兴。"在烈士陵园,学生代表来子旸真情告白英烈。随后,他向两位英烈献上同济大学青年代表共同签名的"社会主义绝不会辜负中国"和"美好时代画卷"手绘作品,希望以今日之美好生活告慰昨日之牺牲奉献,表示今后将继续传承英烈之革命精神,奋进新时代。学校以热播的连续剧《觉醒年代》为切入点,生动、鲜活、深刻,令人难忘,在师生中掀起了巨大的轰动,引发青年人共鸣。

扎根中国大地,传承"把论文写在祖国大地上的"的爱国传统。学校把实践育人作为爱国主义教育的重要载体,积极搭建平台,健全机制,丰富实践内容,紧跟时代脉搏,将爱国主义教育的内涵和价值贯穿其中。紧密围绕国家重大战略和重大工程,建设百所"四重"示范性实践基地,打造"红色薪火传承""人民城市实践""助力乡村振兴"

同济青年赴"四重领域"开展暑期社会实践

等 7 大板块，每年组织 1300 余支团队 1 万余人次，赴 30 余个省、自治区、直辖市开展各类社会实践项目，让广大师生在实践中体悟伟大的"中国之治"，增强"四个自信"，提升爱国之志，报国之心。

【思考与展望】

在持续深化爱国主义教育过程中，同济师生报国强国的使命感和责任感得到极大增强，自觉将"小我"融入"大我"，秉承"与祖国同行、以科教济世"的优良传统，积极投身脱贫攻坚、乡村振兴、科技抗疫、海洋强国、交通强国等国家战略，将论文书写在祖国和人民最需要的地方。未来，学校党委将进一步加强新时代爱国主义教育，激发党员干部和师生的爱国热情。一是在学习贯彻党的二十大精神中进一步深化新时代爱国主义教育。结合学习宣传贯彻党的二十大精神，以深入贯彻落实《新时代爱国主义教育实施纲要》为抓手，以深化新时代爱国主义教育为牵引，不断培育担当民族复兴大任的时代新人。二是进一步丰富爱国主义教育的载体与形式。不断创新爱国主义教育的方式方法，丰富内容，强化引导，加强运用新时代广大师生喜闻乐见的形式，利用多平台、

芳 华 绽 放

多渠道让爱国主义教育"有声有色""身临其境""入脑入心"。三是进一步发挥实践育人效能，学思践悟、知行合一。持续充分用好社会实践平台，拓展"四重领域"实践基地，鼓舞师生扎根中国、胸怀天下，矢志不渝、笃行不怠，为全面推进中国式现代化、实现中华民族伟大复兴书写新的更加辉煌的篇章。

团委：郑彧豪；党委宣传部：马惠琪

高扬凝心聚力的中国精神，鼓舞同济师生奋斗逐梦

【核心阅读】

党的十八大以来，习近平总书记多次指出，实现中国梦，必须弘扬中国精神。中国精神是实现中华民族伟大复兴的强大精神力量和宝贵精神财富，要用中国精神激发中国青年力量，鼓舞中国青年奋斗逐梦。为推动学校师生党员党史学习教育走深走实，学校通过组织举办"中国精神"大讲堂、创作"中国精神"系列动画短片等多种形式，讲述伟大建党精神，教育引导同济师生秉承中国共产党人艰苦奋斗、牺牲奉献、开拓进取的伟大品格，以更加昂扬的斗志为实现第二个百年奋斗目标作出新的更大贡献。

【做法与成效】

一、弘扬中国共产党人精神谱系，打造宣讲品牌

习近平总书记指出，"一百年来，中国共产党弘扬伟大建党精神，在长期奋斗中构建起中国共产党人的精神谱系，锤炼出鲜明的政治品格"，强调"我们要继续弘扬光荣传统、赓续红色血脉，永远把伟大建党精神继承下去、发扬光大"！

为了进一步巩固"不忘初心、牢记使命"主题教育成果,推动学校师生党员党史学习教育走深走实,在学校党委组织部、宣传部的指导下,嘉定校区党工委联合马克思主义学院在学校组织举办"中国精神"大讲堂,激励同济师生用党在百年奋斗中形成的伟大精神滋养初心、淬炼灵魂,用党的历史经验和实践创造指引方向、汲取力量。

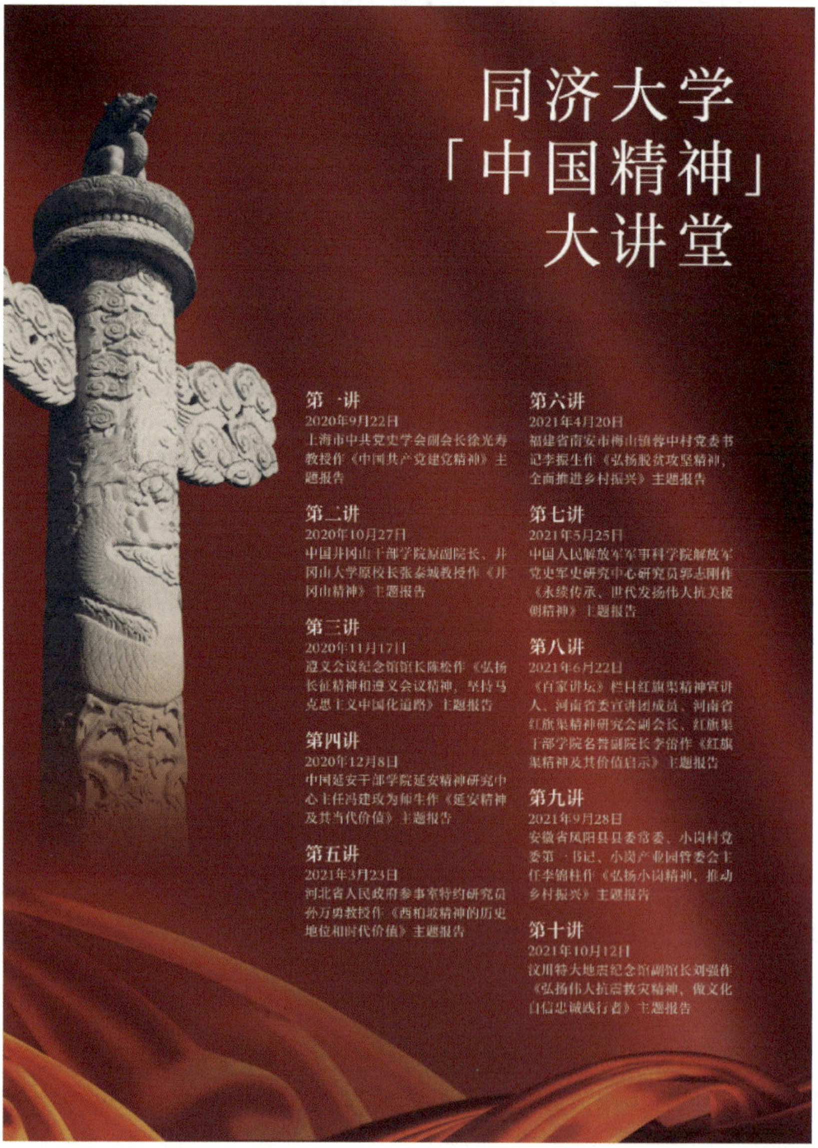

同济大学"中国精神"大讲堂

（一）讲述中国共产党人精神谱系

"中国精神"大讲堂聚焦中国共产党人在各个历史时期淬炼锻造的一系列伟大精神，邀请知名专家学者走进同济校园，采用线下线上相结合的方式讲述伟大精神。10名专家学者分别聚焦建党精神、井冈山精神、长征精神（遵义会议精神）、延安精神、西柏坡精神、脱贫攻坚精神、抗美援朝精神、红旗渠精神、小岗精神、抗震救灾精神开讲，每讲都在同济师生中引发热烈反响。

（二）专家、学者、馆长及亲历者受邀主讲

为寻根溯源，把中国精神讲深、讲透、讲活，"中国精神"大讲堂每场报告会均精心设计主讲内容，专家学者、纪念馆馆长、亲历者、见证者纷纷受邀亮相。上海市中共党史学会副会长徐光寿，中国井冈山干部学院原副院长、井冈山大学原校长张泰城，中国延安干部学院延安精神研究中心主任冯建玫，河北省人民政府参事室特约研究员孙万勇，中国人民解放军军事科学院解放军党史军史研究中心研究员郭志刚，河南省红旗渠精神研究会副会长、红旗渠干部学院名誉副院长李蕾，还有遵义会议纪念馆馆长陈松，

遵义会议纪念馆馆长陈松作《弘扬长征和遵义会议精神，坚持马克思主义中国化道路》的报告

汶川特大地震纪念馆副馆长刘强，福建省南安市梅山镇蓉中村党委书记李振生，安徽省凤阳县委常委、小岗村党委第一书记、小岗产业园管委会主任李锦柱等为同济师生追溯了伟大精神的起源与生动实践。

二、"云"端共上党课，党史学习"破圈"

现场听课、录制视频、"云"端参会……"中国精神"大讲堂构建了以讲授中国共产党人精神谱系为核心的"党史学习教育＋新媒体矩阵"模式，形成"破圈"效应。通过现场录音录像制作成"中国精神"系列视频资料，列入学校党委宣传部教职工政治理论学习视频资源库建设内容。

报告会现场座无虚席，学校官方微博、抖音、快手、B站等官方直播间同步直播，

"中国精神"系列动画短片之《井冈山精神——星火》

每场报告会均有1万余人在线观看。课程在"云端"圈粉无数,不少网友留言:"很受教育,要继续打卡下一场报告会。"

此外,以"中国精神"为内核,学校艺术与传媒学院学生党支部与动画专业青年学子,撷取"中国精神"谱系中青年学子喜闻乐见、熟稔于心的故事内容,创作了10部内容丰富、富有表现力和感染力的系列动画片,涵盖建党精神、长征精神、脱贫攻坚精神、抗疫精神等。系列动画片已在"学习强国"平台上线发布。

"中国精神"动画片创作团队学生代表、艺术与传媒学院2018级动画专业学生叶玮榕、邓少峰表示,通过"中国精神"系列短片创作,不仅提升了专业创作能力,同时也对在新时代如何传播好、传承好"中国精神"有了更深刻的体会,未来走上工作岗位,将坚守媒体人的职业操守,以影像、动画等多样化的形式,继续发扬优秀的"中国精神"。"中国精神"必将激励新时代青年坚守初心,传承红色基因,凝聚奋进力量,把红船变成巨轮,向着实现中华民族伟大复兴的彼岸扬帆起航。

三、凝聚青年力量,涵育时代新人

党的二十大报告指出:"弘扬以伟大建党精神为源头的中国共产党人精神谱系,用好红色资源,深入开展社会主义核心价值观宣传教育,深化爱国主义、集体主义、社会主义教育,着力培养担当民族复兴大任的时代新人。"高校肩负立德树人根本任务,在青年学生中宣讲中国共产党人精神谱系,引导青年学生做中国精神的传承者、弘扬者和接续创造者,对高校涵育时代新人具有重要意义。"中国精神"大讲堂每场报告会由嘉定校区两个基层学院党委承办,青年学子踊跃报名参加。听完《红旗渠精神及其价值启示》的精彩报告后,交通运输工程学院博士生王诗菡表示深刻领会了"自力更生、艰苦创业、团结协作、无私奉献"的红旗渠精神的伟大,接受了一次深刻的党史学习教育和精神洗礼。聆听《弘扬伟大抗震救灾精神,做文化自信忠诚践行者》的报告后,建筑与城市规划学院硕士生吴柳青的心情久久不能平静。她说,通过此次学习,深刻感悟到中国共产党的担当精神和中国人民乐观向上、积极拼搏的精神风貌,要在自身的学习工作

同济大学学生带领观众走入"延安精神永放光芒"主题展

实践中坚持团结合作、同舟共济，为实现中华民族伟大复兴的中国梦贡献自己的力量。

【思考与展望】

  未来，学校将进一步丰富形式、拓展路径，弘扬以伟大建党精神为源头的中国共产党人精神谱系，引导学校师生做中国精神的传承者、弘扬者和接续创造者，为加快建设教育强国、科技强国、人才强国贡献同济力量。一是继续打造"中国精神"党课品牌。已开展的10期"中国精神"大讲堂由嘉定校区党工委联合马克思主义学院和其他学院党委举办，形成了"中国精神"宣讲品牌，树立了良好的口碑，后续可以在全校推广，将"中国精神"讲堂品牌打造为学校的宣讲招牌之一。二是继续打造"中国精神"主题融媒体文化作品。围绕中国共产党人精神谱系教育，发挥艺术与传媒学院等学科优势，打造精神谱系工作坊，创作一批青年人喜闻乐见的中国共产党人精神谱系主题融媒体文化作品。

党委宣传部：喻娟、莫文闻、聂阳阳

党史育人强基固本，时代声音凝心聚魂

【核心阅读】

近年来成立的学生理论宣讲团，在校内外广泛开展理论宣讲，成为高校积极承担社会责任的重要环节和实践育人的重要载体。同济大学充分挖掘青年学生骨干力量，成立时代声音传播社，组建"一体化"讲师队伍，打造"全方位"课程体系，创新"多元化"应用场景，建立"长效化"实践机制，用青年声音讲好党的百年奋斗重大成就和伟大建党精神，讲好同济故事、青年故事、中国故事，让时代强音广传播、聚人心、促成长，也为优秀青年学生深入学思践悟习近平新时代中国特色社会主义思想提供广阔平台。

【做法与成效】

一、组建"一体化"讲师队伍，提升青年党史学习参与感

协同整合资源，抓好"关键少数"，让理论宣讲有底气、有生气、有力量。以青年宣讲为切入点，统筹全校资源，充分挖掘青年骨干力量，从优秀班团组织、理论宣讲团、志愿服务团队、社会实践团队、"青年五四奖章"获得者等青年榜样群体中遴选出155名高水平青年讲师，组建"同济大学时代声音青年讲师团"。聘请专业教师对青年讲

同济大学"时代声音宣讲联盟"成立及研讨会

师团进行指导,开展青年讲师集中备课、试讲、参访、研讨活动,着力提高青年讲师的理论水平和实践阅历,不断提升授课质量。在全校范围内开展"青年马克思主义者培养工程""时代新人研习营"等学生骨干培养计划,夯实学生骨干理论学习基础,充分发挥学生骨干贴近青年的亲和力优势和党、团、学生组织广泛覆盖的组织优势,在主题党、团日及其他校园文化活动中大力开展党史宣讲。

二、打造"全方位"课程体系,提升青年党史学习代入感

讲活身边资源,拉近时空距离,让理想信念传得开、信得过、扎下根。以习近平新时代中国特色社会主义思想为指导,将党史与校史、学科史相结合,以身边人讲述身边事的形式开展党史主题教育,围绕"青年声音——树立社会主义制度自信""白衣执甲——

走近最美同济逆行者""勇担使命——脱贫攻坚中的同济力量""同舟共济——岁月留存的同济基因""学者初心——把论文写在祖国大地上""济梦课堂——助力中小学'双减'"六大主题，形成一系列"时代声音"课程"学习包"。同时深入挖掘学校与专业学科的建设发展历史，生动讲好同济大学与中华民族命运休戚与共、与祖国科教事业心手相牵、与上海城市发展相濡以沫的感人历史，开发"让爱国主义成为青春底色——同济大学'一·二九'事件""南浦大桥——中国桥梁自主建设的开端""同济顶升：浦东开发开放中的同济智慧""情牵云龙——脱贫攻坚中的同济青年"和"中国人的汽车梦"等特色课程，开创"'四史'在校园"、同济战"疫"等一系列线上线下主题团课。2022年10月，为深入学习宣传贯彻党的二十大精神，深刻领会其丰富内涵和精神实质，党的二十大精神上海青年师生宣讲联盟同济大学青年师生宣讲团开展集体备课活动并先后推出"1+10"第一期课程、"三个专题"第二期课程、"7+5+5"第三期课程。充分利用身边资源，以青年喜闻乐见的方式讲好同济故事、青年故事、中国故事，讲好党的百年奋斗重大成就和历史经验。

传承红色基因，献礼建党百年，送团课进网络

芳 华 绽 放

三、创新"多元化"应用场景，提升青年党史学习获得感

开展志愿宣讲，助力青年发声，让红色力量广传播、聚人心、促实践。通过课程预约平台提供送课进支部、进社区、进学校、进场馆、进网络等多元"送课上门"应用场景，采用线下宣讲和线上连线相结合的形式，服务范围包含校内师生党团支部、学校周边社区、企业、消防、公安、园区和中小学等，每年开展小规模、互动式的理论宣讲志愿服务。举办"同济与世界说"演讲大赛、"济刻发声"微团课大赛、"支书达理"党团知识竞赛等活动，让学生通过更具活力的方式感受党史魅力。将反复打磨的成熟课程录制为"五四主题团课""四史在校园""党史青春说"系列微课，沉淀为示范课程，借助微信公众号、B站等平台进行宣传，不断扩大受众范围和传播度，通过共享课件、教案，鼓励更多同学迈出"五分钟党史微宣讲"第一步。

"同济与世界说"演讲大赛

四、建立"长效化"实践机制,提升青年党史学习归属感

建立长效机制,形成宣讲合力,让青年讲师有成长、有平台、有共鸣。将青年讲师队伍重要时间节点学习研讨和常态化集体备课相结合,开展"青年说"主题沙龙和讲师轮训等活动,形成青年宣讲品牌,提高青年讲师的身份认同。进一步,联动同济大学第一附属中学时代声音研习社、同济大学附属实验中学传习社、同济大学附属实验小学苗苗宣讲团,牵头成立"大中小思政一体化同济大学时代声音宣讲联盟",协同同济大学嘉定基础教育集团共建"大中小思政一体化志愿服务实践基地",共享理论学习研讨、党团队主题教育、文艺展演、升旗仪式等系列宣讲载体。加入"百团知百年"上海大中学生宣讲团、上海市大学生理论宣讲联盟和环同济青年志愿宣讲团等多个青年宣讲联盟,让青年讲师在与志同道合的校内外青年讲师互学互鉴中坚定长期从事理论宣讲工作的决心。

大中小思政一体化宣讲联盟成立仪式

【思考与展望】

除了时代声音传播社，同济大学还以学生群体为主建立了"理论+"宣讲团、"一·二九"宣讲团、校史讲解团队，在理论宣讲、校史宣讲、红色精神传承方面发挥了巨大作用。未来，学校将继续着力打造同济特色的大学生理论宣讲团队和品牌活动，用朋辈声音传递信仰力量，掀起校内外党的创新理论学习新热潮。一是整合资源服务校内，提升青年认可度完善学生爱国运动纪念馆，强化党史教育、校史教育、仪式教育功能，通过组建优质讲师队伍、设置全方位课程内容、创新授课形式等方式，面向全校基层党团支部开放"送团课进支部"，丰富基层党团组织的学习资源，提高党史学习成效。二是积极拓展辐射周边，提升社会贡献度通过"送团课进学校、进社区、进场馆、进网络"等多元应用场景，通过班队会课、第二课堂、课后服务等丰富形式，助力中小学"双减"，推进大中小思政一体化；继续走进周边青年中心、街道社区、园区、共建单位等，促进校地交流联动，进一步锻炼讲师队伍。

团委：施卫国；汽车学院：葛畅

搭建平台创新载体，践行网络文化育人使命
——以"二十四节气"系列活动为例

【核心阅读】

网络育人要遵循"内容为王"的建设规律，紧密结合时代热点、时代精神，积极研发青年学生喜闻乐见、形式多样的网络文化精品，开展线上线下联动活动，不断丰富活动形式、凸显产品特色，让网络育人工作"入心田"。同济大学密切关注学生的生活、学习、情感需求，在网络平台以具有感染力的视听语言，多媒体、多部门线上线下联动，将以"二十四节气"系列活动为代表的中华优秀传统文化在网络上广泛传播，激发中华优秀传统文化的生机与活力，进一步增强大学生文化自觉和文化自信。

【做法与成效】

一、坚持内容为王，以优质原创内容做好价值引领

（一）创作一批高质量的网络文化作品

习近平总书记指出，"要系统梳理传统文化资源，让收藏在禁宫里的文物、陈列在广阔大地上的遗产、书写在古籍里的文字都活起来"。让传统文化"活起来"，互联网

芳 华 绽 放

以"二十四节气"为时间轴创作《二十四时燕归来》,扫码可观看

同济大学微信公众号打造的"二十四节气"校园景观手绘

具有无可比拟的作用。"二十四节气"作为中华民族的文化瑰宝,是人与自然和谐相处的典范,蕴含着巨大的育人价值。从2016年开始,同济大学微信公众号发布"二十四节气"同济时光专题推送,将一年四季、二十四个节气、三百六十五天与同济的日日夜夜相结合,通过介绍节日文化,勉励同学不可辜负时光,首发线上阅读量破万。2020年,设计创意学院以"二十四节气"为时间轴,创作了《二十四时燕归来》等作品,将"二十四节气"中所蕴含的主流价值观念,通过器物展示、节日礼仪介绍、传统食品展示等生活化方式进行表达,春风化雨,润物无声,让优秀传统文化滋养心灵。2022年,学校通过"同济大学生"公众号在"二十四节气"宣传栏目中,开始将中华优秀传统文化与同济学科特色有机融合,在介绍节气知识的同时讲解校园特色建筑,把"二十四节气"专栏打造为集宣传、教育、学习、服务多功能于一体的育人阵地。

(二)举办一批独具特色的网络文化活动

以"二十四节气"为主线,线上线下相结合,系统设计贴近学生、贴近生活、贴近实际、内容丰富、形式多样的宣传活动。春季节气里开展绘立春春景、品元宵花灯、赏清明雅集等活动,以春之始开启新一年。夏季节气里开展校园线上节气摄影、节气手绘、端午龙舟等活动,为炎炎暑气带来丝丝清凉。秋季节气里在学生社区开展中秋做月饼、爱满重阳系列活动,共品重阳糕,同饮菊花茶,线上线下将传统文化融入现代生活。冬季节气里组织绘九九寒梅图、品冬至饺子、猜线上灯谜等活动,让传统文化"活态"传承。

二、拓展宣传矩阵,以互动式环境提升育人实效

(一)多媒体传播营造网络育人环境

近年来,学校一直致力于推动实现全媒体思政育人环境的建设,丰富"文化+网络"思政育人内容及推送载体,用新时代大学生喜闻乐见的载体和方式展示呈现、宣传推广,打造全媒体思政育人新生态。学校不断拓展新媒体矩阵,整合校内外各项资源,着力建设一批师生黏合度高、受众覆盖面广、社会影响大的网络平台。从官方主页、微博、微

信公众号到视频号、抖音、快手、B 站等多平台，紧跟热点时事，创新呈现和传播形式，利用视频、网文、动漫等多媒体发布"二十四节气"专题内容。2020 年，同济学子利用"我的世界"（Minecraft）游戏平台，在虚拟世界中搭建节气乡镇，引用了平行世界的概念，使 7 个节气 11 个场景同时出现在一个空间中，观展者可以在小小的展区中感受四季，游历各地。

（二）多平台展示强化网络育人作用

学校将线上宣传活动与线下实践活动有机结合，推进"二十四节气"进课程。设计创意学院将"二十四节气"引入设计课程，引导学生以节气为题，设计"二十四节气"作品；举办"二十四节气"创意作品展，形成"节·器""济·节""情·节""节·乡""食·节"五个部分的集中展示，让非遗走进校园，走进生活；推出"二十四节气"时令菜单，结合节气特色，线上进行节气讲解，线下在食堂推出对应节气的时令菜品，寓教于乐；举办由中外学生参与的"二十四节气"习俗非遗体验活动，在文明互学互鉴中讲好中国故事、传播好中国声音。此外，学校还定期举办"二十四节气"传统文化讲座、"二十四节气"主题文创周边设计、"二十四节气+数字音乐会"等活动，让学生体验节气之美，感受文化力量。

（三）多部门联动形成网络育人合力

在网络育人方面，学校加强统筹领导，以"共建、共享、共融"为建设思路，形成部处协同、校院联动的有效工作机制。2018 年 12 月，以"冬至节气"为契机，在校级层面启动同济大学"二十四节气"传统文化教育系列活动。2019 年 4 月，在我国传统节气"清明"即将到来之际，由校团委、人文学院、设计创意学院主办，党委宣传部、本科生院、党委学工部、后勤产业公司分工协作的"二十四节气"传统文化教育之"清明雅集"顺利开展。后勤产业公司展现了同济网红青团的制作工艺；学生琴社、辟雍汉服社、采薇茶艺社等进行才艺展示，烘托节庆氛围；人文学院专家教授与同学们分享清明的意蕴。"学校举办这次活动很成功，对我而言，能够更加了解清明的节气文化，用宋代点

行律千年，东方意蕴："二十四节气"创意作品展"济·节"栏目

在同济大学博物馆举办的"行律千年,东方意蕴:二十四节气创意作品展"

茶法给自己沏一杯清茗,是一件非常有意义的事情。"同济大学测绘学院的任同学说。

三、建强育人队伍,以优秀团队保障成果产出

"二十四节气"系列活动是同济大学聚焦中华优秀传统文化传承、加强网络育人的生动实践。学校不断建强网络育人队伍,优化网络育人队伍运行机制,持续产出网络育人的优秀成果。

(一)多梯队、专业化建设工作队伍

学校围绕立德树人根本任务,构建了专任教师、宣传队伍、学工队伍、网络队伍、学生骨干"五队协同"的网络思政育人组织架构,推进"文化+网络"思政育人全员化。

依托网络育人队伍，充分发挥其示范、引领、辐射和带动作用。打造优秀的新媒体工作团队，用好全媒体平台，强化网上正面宣传，充分运用网络语言，积极创作优秀网络文化作品，弘扬中国传统文化，增强文化自信。

（二）多角度、全方位培训师生骨干

邀请校内外专家，新媒体工作者通过集中学习、专题研讨、工作实践等形式，面向网络思政辅导员、网评员、学生新媒体骨干等，既有为学生提供的"虚拟学院""专家零距离"等培训活动，又有为教师开展的"移动课堂"、业务能力研修班，实现队伍分层分类，提升工作队伍的思想政治素质和业务能力素质。

（三）多层次、多渠道设计运行机制

开展优秀网络工作案例、大学生网络文化节等评选并专设资金支持。依托"网络教育名师培育支持计划""校园好网民培养选树计划"，投入专项经费，动员引导广大教师参与网络育人。选树在课程、科研、心理、就业等诸多育人环节中结合网络开展隐性教育的典型案例，立项培育网络育人的研究课题与精品项目。

【思考与展望】

同济大学始终坚持利用多媒体平台弘扬中华优秀传统文化，建立线上线下闭环工作模式，坚持内容为王，以优质的原创作品引领、服务师生。在未来的网络思政工作中，学校将进一步深挖网络思政的内涵，营造天朗气清、积极进取的网络空间环境，提升网络思政的有效性。一是整合资源，不断创新呈现形式，以具有价值引领的原创作品引领当代大学生奋勇当先，踔厉前行。二是增强积极互动，进一步挖掘中华优秀传统文化的价值内涵，以深度互动的形式，进一步增强同济师生文化自觉和自信。三是继续建强网络育人队伍，紧追时事热点、师生需求，创造更多师生喜闻乐见的原创作品，将文化育人融入网络思政工作中。

党委学研工部：凌昱晨；党委宣传部：莫文闻

涵养新时代同济文化，传承发展同济精神

【核心阅读】

自学校十一次党代会以来，学校党委立足党和国家所处的新的历史方位、学校所处的新发展阶段，根植同济传统和同济精神，总结提出了以"同济天下、崇尚科学、创新引领、追求卓越"为特质的新时代同济文化。通过深入研讨，凝聚广泛共识，通过物质文化、环境文化、制度文化和精神文化建设，深化涵养践行新时代同济文化，持续传承和发展同济精神，努力实现以伟大理想引领人、以时代文化感召人、以同济精神凝聚人，形成推进学校事业发展和"双一流"建设的强大精神力量。

【做法与成效】

一、重溯学校历史，理清同济精神传承发展脉络

学校党委持续深化对习近平同志在同济大学建校 100 周年庆祝大会上重要讲话精神的学习与贯彻，深刻体会"同济的 100 年，是与中华民族命运休戚与共的 100 年；同济的 100 年，是与祖国科教事业心手相牵的 100 年；同济的 100 年，是与上海城市发展相濡以沫的 100 年"所体现的学校发展历程中的"同济天下"情怀，深入领会党和国家领

导人对同济未来办学的要求和期许，立足国之所需与新时代新使命，努力传承和创新发展同济精神。

（一）同济精神传承发展脉络的梳理

党委宣传部、档案馆、图书馆组织力量系统研究同济大学办学早期至当代同济精神的产生、发展与传承过程，通过分析办学初期至1949年前同济师生的文稿与发言，发现同济大学在办学早期就逐步积淀下来同舟共济、同济天下、研究科学、创新开拓等精神内涵，并可总结为六个方面：实用与科学精神、合作与团结精神、镇静与奋斗精神、济世与救国精神、创新与开拓精神和人文与艺术精神。通过查阅历次党代会文件及80周年至110周年校庆的文件材料，研究了从1987至2018年同济精神发展升华的脉络，将其总结为"同舟共济"和"同济天下"两大主要内核的传承与发展。

（二）新时代同济文化的提出

学校在《同济大学章程》的两次修订中始终坚持"同舟共济"的校训，坚持"与祖国同行，以科教济世，建设成为中国特色世界一流大学"的办学愿景，坚持"严谨、求实、团结、创新"的校风，以及"追求真理，培养人才，研究学术，服务社会，促进文化传

第六次党代会 1991	第七次党代会 1995	第八次党代会 2002	第九次党代会 2006	第十次党代会 2013	第十一次党代会 2018
继承和发扬"严谨、求实、团结、创新"的同济校风	同舟共济，为实现同济大学"211工程"整体建设目标而奋斗	同舟共济，积极进取，把学校事业推向新的阶段	同舟共济，严谨求实，为加快建设国际知名高水平大学而奋斗	同舟共济，改革创新，为建设以可持续发展为导向的世界一流大学而努力奋斗	与祖国同行 以科教济世 开启中国特色世界一流大学建设新征程
同舟共济				与祖国同行，以科教济世　同济天下	
1987 建校80年	1997 建校90年		2007 建校100年	2017 建校110年	
理论联系实际和严谨求实是同济大学的优良学风 同济大学具有光荣的革命传统 爱国主义精神和同舟共济，是又一项宝贵的精神财富	同心砥砺，同窗求索，为振兴中华而读书 济困扶危，济世兴邦，为富国强民而奉献		矢志不渝的爱国精神 同舟共济的团结精神 自强不息的奋斗精神 严谨求实的科学精神 同心同德济舟楫，济人济事济天下 与祖国同行，以科教济世	同济天下是同济历代师生坚守的使命 同济人始终秉承与祖国同行、以科教济世的办学传统 "同心同德同舟楫，济人济事济天下"的信念是同济人永恒的印记	

1987 至 2018 年同济精神的发展脉络

芳 华 绽 放

时任校长陈杰在开学工作会议上阐述新时代同济文化特质

承创新，交往世界与贡献智慧"的大学使命。在学校的"十三五"和"十四五"规划中，也将结合新时期世界之变、新时代国家需要和同济当前使命任务进一步传承和发展同济精神作为重要工作加以推进。经过一段时间的调研、讨论和酝酿，陈杰校长在 2021 年 3 月的开学工作会议上提出，广大师生要涵养和践行以"同济天下、崇尚科学、创新引领、追求卓越"为特质的新时代同济文化。

二、深化研究阐释，凝聚对新时代同济文化的广泛共识

学校于 2022 年 7 月 20 日举行了"同济精神与新时代同济文化研讨会"，20 余名校内外专家、校友和学生代表与会，围绕"新时代同济文化的内涵外延与内在逻辑、新时代同济文化对同济精神的传承及其时代价值、新时代同济文化的传承与弘扬"等重要

学校举行"同济精神与新时代同济文化研讨会"

议题深入研讨,建言献策。

学校进而对新时代同济文化的内涵和时代价值作了深入的诠释。

(一)新时代同济文化的内涵阐释

新时代同济文化以"同济天下"和"追求卓越"为同济大学战略愿景使命,以"崇尚科学"和"创新引领"为同济师生行动指引,是学校愿景与师生行动的内在统一。"同济天下"要求涵育家国情怀、全球视野的胸襟。既有"修身齐家治国平天下"的家国情怀,也有共商共建共享共治的文化底蕴。同济大学既要创造各种推动经济社会发展的知识、方法和技术,又要在精神上给师生赋能,涵育"天下有我、我济天下"的家国情怀和全球视野。"崇尚科学"要求坚守格物穷理、探求真知的执着。对待科学知识,要坚持去伪存真,坚持用高质量的科研成果充实人类的知识库;对待科学研究,要严守科学

规范，遵循内在规律，以发现科学新知为己任；对待科研组织，要鼓励自由探索，弘扬团队精神，集成优势资源，围绕国家重大需求开展有组织科研。"创新引领"要求激发勇于突破、敢为人先的锐气。知识、科学、技术创新要强调原始创新、重大创新。大学管理体系和文化建设创新要强调理念创新、模式创新。现阶段的同济大学要攻坚克难、勇于创新，用创新的精神、创新的成果引领事业发展。"追求卓越"要求坚定争创一流、止于至善的信念。既是同济人干事创业结果的价值导向，也是崇尚至真至善至美的追求，在科研上追求至真，在育人上追求至善，在处事上追求至美。"追求卓越"也是上海的城市精神，是同济与上海百余年来城市发展相濡以沫且根植于上海的基因和特色。

（二）新时代同济文化的时代价值总结

新时代同济文化的提出有着深厚的历史渊源和鲜明的时代烙印，是对"同舟共济，自强不息"精神的发展升华与时代化。"同济天下"凸显了学校的战略使命。"同济天下"是核心，内涵非常广泛，包含共同的精神、大学的使命、同济的特色，这是同济师生校友不变的特质、不变的追求，凝聚了大家的最大共识。"同济天下"体现了在新时代同济大学"与祖国同行，以科教济世"的使命追求和"脚踏实地，放眼全球"的时代要求。"追求卓越"突出了学校的愿景追求，是更高的精神境界追求。这种精神境界的追求，体现了同济大学不断赶超、争创一流、止于至善，立足中国大地建设世界一流大学的信念。"崇尚科学"找到了破除痼疾的动力源泉，是同济在当前转型发展的历史时期所要强调和侧重的。瞄准国际前沿和重大工程中的关键科学问题，加大基础研究、基地平台、人才队伍建设的投入力度，加强有组织科研，优化科研评价体系建设，推进高水平科技自立自强，形成学校可持续发展的动力源泉。"创新引领"指出了未来发展的方向，不仅要在基础领域、前沿领域创新，而且要注重学科交叉文化建设，牵引和促进学科交叉的创新高质量发展，不断拓展新的学科领域和未来发展方向。把局部的创新、应用的创新提升为源头创新、第一创新，实现对人才培养和学科发展的引领作用，是对建设世界一流大学至关重要的。

三、全方位涵养践行，形成推进事业发展的强大力量

在厘清同济精神传承发展脉络、研究阐释新时代同济文化内涵的同时，学校全面深化涵养践行新时代同济文化。通过编撰出版《星汉璀璨同济人（第二辑）》《同济英烈（第二版）》《济忆：同济历史上的这一周》等为代表的同济校史、学科史著作，发表高水平校史研究学术文章，与中央电视台和上海电视台联合制作发布《山河行过》《抗战中的李庄》《百十五载 与国同行》等校史纪录片，举办纪念迁校李庄和劳动建校等专题展和同济精神印文征集发布活动等形式让师生校友全方位感受同济大学"与祖国同行，以科教济世"的优秀传统，以及同济人在各个历史时期的感人事迹和精神传承，激励师生校友拓宽见识、涵育情怀、同心协力、投身报国、济人济世。

同时，通过开展全国劳动模范、道德模范、高校黄大年式教师团队、最美辅导员和学生年度人物、上海市各类荣誉推荐以及校内荣誉体系建设选树新时代优秀师生典型，举行"大先生"优秀事迹报告会和思政大课，通过校内外各类文化平台和媒体平台广泛

2022年校庆期间，学校发布同济校史系列纪录片和举办校庆纪念活动

宣传。通过深化全国和上海市文明校园建设、反映同济文化和同济精神的系列微视频和宣传品发布、"同济荣誉堂"文化地标和多个学院院史馆建设，引领广大师生在人才培养、科学研究和社会服务中涵养新时代文化，形成践行新时代同济文化、传承发展同济精神的浓厚氛围。

【思考与展望】

未来，学校应发动各单位各学院对新时代同济文化进行深入挖掘与延伸，丰富载体与形式，广泛发动师生成为新时代同济文化的传播者和践行者，使之更好地根植于各个学院、各个学科、各个部门全体师生心中。一是进一步深化新时代同济文化的内涵挖掘与延伸。以专业的爱国情怀、科学的工科思维、交叉融合的创新和不断追求卓越为要求，将新时代同济文化融入学科文化，立足学科特色阐述创新发展"同济文化"的新内涵，形成特色化的逻辑与延伸。二是丰富传承弘扬新时代同济文化的载体与形式。加强同济人、同济事著作的编撰，讲好"同济故事"，让新时代同济文化有更好的积淀和传承。加强物质载体、文化设施建设，使同济校园及周边成为更多有"文化"的场所。三是广泛发动新时代同济文化的传播者和践行者。发挥"大先生""大专家"作用，形成榜样力量；加深全体师生的理解与认同，形成践行合力；善待每一位学生、温暖每一位校友，实现新时代同济文化的传播，形成推进学校事业发展和"双一流"建设的蓬勃精神力量。

档案馆：邹晓磊

坚持"三好"并重，激励争做"大先生"

【核心阅读】

习近平总书记强调，老师要做学生为学、为事、为人的大先生。新时代新征程呼唤将"经师"和"人师"相统一的"大先生"。同济大学紧紧围绕为党育人、为国育才的初心使命，紧扣立德树人根本任务，以"四有好老师""四个引路人""四个相统一"为目标，深入挖掘"同济大先生"事迹和优秀教师典型，积极宣传展现教师风采，发挥典型人物的示范带头作用，形成"学术与育人为第一价值追求"的文化环境，持续强化师德师风建设，增强教师职业荣誉感、历史使命感和社会责任感，努力建设一支政治素质过硬、业务能力精湛、育人水平高超、富有活力和创新精神的一流师资队伍。

【做法与成效】

一、深入挖掘优秀典型人物，形成一批优秀群像

学校注重先进典型人物选树，挖掘发现广大教师的闪光点，激励教师潜心教书育人。一是构建"学校—部门—院系"层级的荣誉体系，充分发挥正向激励效能。2021年学校在系统梳理各项荣誉奖项的基础上，制定《同济大学教职工荣誉奖励管理办法（试行）》，

郑时龄院士获评全国"最美教师"

对 102 个原有奖项进行分类、分层处理,压缩校级奖项数量,提高校级奖励额度,构建较为完善的荣誉奖励激励体系。二是持续开展同济大学"师德师风优秀教师""追求卓越教师奖""感动同济人物""育才奖""我心目中的好导师""青年五四奖章"等评选,评选出一批爱岗敬业的优秀教师代表,以身边人和事感染教职工。三是积极推选国家级、省部级优秀教师,推动一批教师成为楷模。2018 年以来,我校教师先后获评全国道德模范、全国"最美教师"、全国"最美高校辅导员"、全国优秀教师、全国教育系统先进集体、"全国高校黄大年式教师团队"、全国优秀党务工作者、"上海市教育功臣"、"感动上海年度人物"等荣誉称号,在广大教师中产生了积极而深远的影响。

二、积极宣传展现教师风采,营造良好师德风尚

大力宣传教师之魂,运用线上线下多种媒介宣传展现教师新时代风采,营造尊师重教良好风尚。发挥校报、网站、微博、微信等新媒体平台优势,开辟专栏、专访,广泛

"教书育人 师泽流辉"同济大学优秀教师事迹展

宣传推送优秀教师先进事迹；举办"教书育人 师泽流辉""国之重器""同筑桥梁 济梦中华""院士风采展"等优秀教师先进事迹展览，编制《教师荣誉册》、优秀教师事迹画册，拍摄《城市筑梦人》《同路人》《师说济语》《敬仰吾师》等专题片，集中展现我校教师用匠心守望初心的立体形象；每年精心组织召开教师节大会，集中表彰各级各类荣誉奖项获奖教师；举办退休教师荣休仪式，为每位退休教师逐一发放荣休证书和定制纪念品；开展"榜样在身边"优秀事迹巡讲，邀请校内外专家学者、名师楷模、一线抗"疫"医务人员与广大教师分享教书育人理念和人生感悟，讲好师德故事。联合各学科力量，进一步推动"同济大先生"采访，与解放日报、上观新闻联合推出12名"大先生"口述同济文章，用文字和视频等形式抢救性保护了多位有代表性的同济老教授、老校友的素材，其中《李同保院士专访——以国家建设为己任》获评教育部"2020年教师风采短视频"优胜作品。

三、广泛引领教师服务社会，弘扬时代责任担当

"与祖国同行，以科教济世"一直是同济大学百余年发展的优秀传统，也是同济人家国情怀的宏大概括。学校选拔青年教师、骨干教师到边远地区、革命老区、城市乡镇挂职锻炼，实现知识外溢的最大效益。激励教师紧扣国家发展战略，发挥学科、专业特长，瞄准社会发展需求，把论文写在大地上，建功立业新时代。积极引导广大教师智力报国，在城市建设、乡村振兴、环境治理、精准扶贫、医疗保障、智能制造、基础设施等领域奉献才智。例如同济人参加了中华人民共和国 80% 以上大跨度桥梁建设，组织大团队参与港珠澳大桥、北京大兴国际机场等国家重大工程攻坚，谱写了一曲曲"同心同德同舟楫 济人济事济天下"的时代凯歌。

【思考与展望】

学校将继续从以下三方面发力，选树优秀教师典型，广泛宣传学习，激励广大教师争做"大先生"。一是挖掘好典型人物。把先进典型人物的选树挖掘作为教师思想政治工作的重要任务，深入挖掘典型人物的先进感人事迹，形成高质量、有特色的事迹材料，发挥榜样示范作用，引领广大教师敬业立学、崇德尚美，更好担起学生健康成长指导者和引路人的责任。二是拓展好宣传载体。充分运用线上线下媒介，对优秀教师事迹进行报道和推送；组织召开教师节大会，加强教师仪式感教育；举办优秀教师先进事迹主题展览，拍摄宣传视频、制作画册，宣传展现教师爱岗敬业、立德树人的新时代风采；同时，充分利用各类社会媒体进行广泛宣传，扩大典型人物宣传范围，增强典型人物的社会影响力和正能量引领。三是营造好学习氛围。将先进典型人物事迹的学习和实践活动等结合起来，充分利用各种宣传阵地和平台，将我校的典型人物与社会方方面面的先进典型结合起来，丰富学习内容，拓展学习形式，使广大教师切实感到先进典型可亲、可敬、可信、可学，激励教师心怀"国之大者"，逐步形成人人学习典型、人人尊重典型、人人争当典型的良好氛围。

党委教师工作部：周宏武、徐洁

追求卓越，记录每一个闪光的名字

【核心阅读】

为深入推进学校"双一流"建设，落实立德树人根本任务，持续弘扬"同济天下、崇尚科学、创新引领、追求卓越"新时代同济文化，激励在校学生努力成长为引领可持续发展的专业精英与社会栋梁，鼓励广大教师取得教学、科研等突出成就，鼓励全体教职工在"管理育人、服务育人"岗位创造佳绩，引导广大校友在专业领域、国家建设或公益慈善等领域作出重大贡献，学校成立"同济大学追求卓越奖励基金"，分设"追求卓越"教师奖、学生奖、服务奖、校友奖以及相应提名奖。每年一次的"追求卓越"各类奖项评选颁奖，成为广大师生校友期盼的年度盛典，获奖者也成为大家热议和争相学习的优秀典型。

【做法与成效】

一、凝聚各界力量，吹响"追求卓越"号角

同济大学作为全国首批实施"卓越计划"的高校之一，大力倡导追求卓越的精神传播，时任同济大学校长的裴钢院士于2010年捐赠其"陈嘉庚生命科学奖"奖金人民币30万

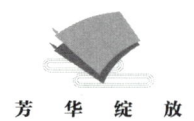

"追求卓越奖"评审颁奖工作于 2014 年正式启动

元并发起设立同济大学追求卓越奖励基金，旨在奖励同济大学卓越人才。随后，各界校友及校企单位纷纷响应，其中原校长陈杰院士捐赠其"何梁何利奖"奖金港币 10 万元，校友徐勇明捐赠港币 300 万元，校友刘创捐赠人民币 200 万元，同济大学附属东方医院捐赠人民币 300 万元，同济大学建筑设计研究院（集团）有限公司捐赠人民币 270 万元。基金作为留本基金，目前稳步运营中。

同济大学"追求卓越奖"的评审工作于 2014 年正式启动，并成为广大师生校友非常重视的学校最高荣誉。

二、严格组织评审，引领"追求卓越"价值导向

根据同济大学追求卓越奖励基金评奖工作细则，每年评选"追求卓越教师奖"2 名，

"追求卓越学生"奖研究生、本科生各3名,"追求卓越服务奖"1名,"追求卓越校友奖"1名,同时评选相应奖项提名奖若干名。"追求卓越奖"的组织、评审遵循科学、公开、公平、公正的原则,采用推荐、初评、终评(含直荐)的过程,确定各奖项获奖名单。基金会秘书处在评审工作启动前,联合人事处、学生处、校友会秘书处等各初评委员会秘书单位深入探讨奖项的前期动员、候选人的选拔标准及推荐方式的优化等细节。每年评审工作历时长达两个月,各秘书单位对每一份候选人材料、每一份推荐信息都仔细对待,对每一次答辩环节、每一轮评审工作都认真安排,从而确保奖项评审的质量。终评的获奖名单在全校范围及各校友组织中进行公示,接受广大师生校友的监督。

连续九年,基金会秘书处联合宣传部、学生处、校团委通过海报展示、新闻报道、《同济人》杂志人物专访、颁奖仪式等形式对获奖人进行全方位的宣传,引领全校师生校友追求卓越的价值导向。

获奖学生风采展示海报

芳 华 绽 放

三、用心书写卓越故事，彰显"追求卓越"精神本色

"追求卓越奖励基金"的设立，顾名思义是奖励同济大学卓越人才。追求卓越，不仅在于达到卓越的状态，更是为了达成卓越而上下求索的宝贵精神。山外有山、楼外有楼，人类的进步永无止境，现有的荣誉绝不意味着探索的停止，只会激励大家朝着更伟大的目标前行，这正是"追求卓越奖励基金"的意义所在。

自2014年迄今，同济大学"追求卓越奖励基金"已走过九个年头，共评选出156名卓越人才及2个卓越团队。他们用自己的努力与付出时刻践行着追求卓越的精神本色，而每年举行的颁奖仪式，也是对他们取得成绩的肯定。

获"追求卓越教师奖"（含提名奖）的教师共有22名，郑时龄、周怀阳、李国强、李占才、常青、李雨生、李杰、唐子来、陈以一、龚沛曾、孙钧、高绍荣、王占山、杨贵庆、汪品先、戈宝学、吕西林、孙立军、朱合华、章小清等每一位教师都具有高尚的道德情操、强烈的事业心和严谨的治学风范，不仅在教书育人工作上兢兢业业、全力付出，还在应用推广先进科学技术成果，完成重大科学技术工程、计划、项目等方面作出突出贡献，创造显著社会效益。

获"追求卓越学生奖"（含提名奖）的学生共有94名，是理学、工学、医学、管理学、经济学、哲学、文学、法学、艺术学以及交叉学科等各学科专业最优秀的代表，在不同领域贡献着自己的青春力量。获奖学子们各具特色，在他们当中，有人是"逐梦交通的探索者，追求卓越的同路人""新时代的记录者""地震工程的先锋""卫星重力反演的国际开拓者""迎难而上的医务青年""将'中国设计'带到世界最贫困地区的公益使者"；有人满怀着"识别人类健康的数字信息，感知颠覆未来的破局时机""打造同济赛艇品牌，推动中国高校赛艇走向世界舞台""投身国际组织实习，实践检验专业所学""在公益事业中践行共产党员的初心""用英语服务科学，用科学改变环境""以科技创新奉献祖国"的初心；更有人期待自己能"一个人影响一群人，一座灯塔点亮另一座灯塔""以同心情怀，传济事微光，做朋辈引路人"。在他们身上，体现了新一代同济人的优秀品质：既有"仰望星空，追求卓越"的理想，又有"脚踏实地，坚持不懈"

2022、2023年度"追求卓越奖励基金"颁奖仪式

的精神。

获"追求卓越服务奖"(含提名奖)共有17人和2个团队,他们勤奋踏实、爱岗敬业,有强烈的事业心和责任感,有良好的职业道德和爱校荣校意识,在学校各类管理、教辅、

2015年度"卓越服务校友奖"获得者徐浩良校友担任联合国副秘书长兼联合国开发计划署协理署长

服务岗位上乐于奉献、勇于开拓，在提高学校管理水平、办学效益等方面表现卓著，同时为全校师生和校园提供了坚实的服务保障。

获"追求卓越校友奖"（含提名奖）及年度卓越校友共有23人，在他们当中有帮助梦想者推动人类进步的创业者，有抗疫"战场"上的铿锵玫瑰，有人将青春奉献给祖国西部最需要的地方，有人在联合国的舞台上为亚太地区发展而努力，有人用科技力量维护祖国海权，还有一支矢志建设中国高铁的同济力量……他们怀着对母校最深的情感，带着"同济人"的称号为祖国发展的各个领域奉献着自己的能量，同时也为学校发展建设、工程教育改革、卓越人才培养等作出突出贡献。

九年来，一批又一批同济人用心书写着卓越故事，用行动践行和传承新时代同济文化，用"追求卓越"记录着每一个闪光的名字！

【思考与展望】

"追求卓越"是新时代同济文化内涵的一部分,突出了学校的愿景和同济人的精神境界。"追求卓越"一直在路上,它体现了同济大学不断赶超、争创一流,立足中国大地建设世界一流大学的信念,也体现了同济人不断突破自我,不断提升创造美好世界能力的执着信念。未来,学校将进一步深化"追求卓越"的内涵,营造追求卓越的校园氛围,培养学生"通专基础、学术素养、创新思维、实践能力、全球视野、社会责任"的综合特质;引领教师不断提升自身学术水平,精心传道授业,培养更多卓越人才;推动管理和服务队伍实现"四个转变",使之成为同济之舟不断前行的坚强支撑;鼓励广大校友拓展为国为民为天下的人生格局,成为引领未来的社会栋梁与专业精英。持续开展"追求卓越奖"的评审,多平台多渠道加强"追求卓越奖"获得者事迹的宣传与经验推广,树立更多卓越典范,展现更多同济人追求卓越的"风采",发挥榜样群体协同引领作用,感召和鼓励更多同济人追随榜样的力量,身体力行、知行合一,传承弘扬"同舟共济、崇尚科学、创新引领、追求卓越"的新时代同济文化,共同成为追求卓越精神的传播者和践行者。

对外联络与发展办公室:方凡

芳华绽放

文化环境　凝神聚气

同济大学党委高度重视优化文化环境和丰富校园文化，建设大美校园。打造校园精品文旅路线，优化同济形象标识系统，建设高品质的校园景观设施；推进校区文化建设专项计划，建设高水平文体设施，完善校史馆、学生运动纪念园等学校文化教育基地和图书馆、博物馆等精品公共文化场馆；凝聚学院学科精神，完善学院学科文化基地和科普基地；形成全覆盖、多层次、多类型的文化浸润体系和文化育人合力；依托各平台学院建设成一系列国际人文"会客厅"，打造了创新融合的国际化校园环境。构建文明和谐美丽校园，充分发挥各类软硬件设施平台的环境育人作用，形成师生对大学文化的高度认同以及对同济精神的浸润式体验与传承，汇聚了团结奋进、全力推进学校事业发展和"双一流"建设的磅礴精神力量。

于无声处塑精神，于有形地蕴品格
——探索四条文化之路，传播和发扬新时代同济文化

【核心阅读】

对于一所百年学府而言，同济校园承载历史，传承文化，孕育未来，每一处建筑、每一处景观都承载了育人的功能，于无声处传递着新时代同济文化与同济精神。为了深入挖掘同济校园特色文化资源，展现深厚的校园环境文化底蕴，推广同济的品牌特色，《同济大学文化之旅》在2019年应运而生，把四平路校区的建筑与景观划分为"紫色建筑之路""红色人文之路""绿色节能之路""蓝色科技之路"，四条路线清晰地映射着同济大学的办学特色、文化底蕴，也成为师生、校友、来访者近距离了解同济、实地参观访学的重要参照。

【做法与成效】

整个校园地图的展开，既是同济精神在各个历史时期的外化，又称得上是一部现当代中国建筑发展史的图卷。文化与科学气质并存的百年学府，每一条线路都诉说着"与祖国同行，以科教济世"的彰显与担当。

一、紫色之路，展现时代特色的同济建筑

校园是师生教学与科研最佳的实践场所，各个时期的建筑都汇聚了当时最流行的式样与顶尖的建筑理念和施工技术。

老建筑，却焕发出青春光彩。南北教学楼、文远楼、大礼堂、图书馆坐落在这条紫色之路上，它们都是上海市优秀历史保护建筑。这些在当时非常时髦的建筑式样，至今仍然承载着师生的学习生活的日常。结构对称、功能简捷、风格优雅的南北教学楼建于20世纪50年代初，凝结了同济几代人的集体回忆，绿树红墙、交相辉映是校园里靓丽的景观。文远楼曾经入选《世界建筑史》和《中国建筑史》，它建造于1954年，是钢筋混凝土框架结构，也是我国最早的典型包豪斯风格建筑，对于研究中国现代建筑发展史具有十分重要的价值。被誉为"远东第一跨"的大礼堂，也是同济现代主义建筑的代

展示时代特色同济建筑的紫色之路

表之作，1999年被提名"新中国50年上海经典建筑"，它采用钢筋混凝土预应力联方网架、双曲薄壳屋面结构，体量和空间非常庞大，内部却没有一根柱子，拱形网壳结构是它独具特色的形式。这里每年举办30余场大型文艺活动，是学校重要的文化活动场所。建于20世纪60年代中期的图书馆，坐落在校园的中轴线上。分别在20世纪80年代和2003年进行过扩建，内院凌空架起塔楼，配备了电梯和楼梯间，最大限度地增加了阅览活动空间。同样建于1954年的西南楼是上海市第四批优秀历史建筑，经历近70年岁月洗礼，几经翻修，依然保持着白墙黑瓦，古朴典雅的唐风遗韵，作为宿舍楼，它是几代同济学子的集体回忆。还有坐落在校园西南方位的三联拱建筑，建于1955年，由3个并列的1层砖拱顶结构房屋组成，原为电工馆和机电厂，现在则将它的历史蕴藏在休闲、健身、生活服务与文创体验之中，丰富了学子的文化生活。

新时代建筑，流溢出盎然生机。建于2004年的建筑与城市规划学院C楼，风格独特，有贯穿2楼到7楼的直跑景观楼梯，内部空间层次丰富，外部还有引入叠水和阶梯式花圃，整个建筑生机盎然。建成于2007年百年校庆之时的标志性建筑衷和楼，外部形态像个"巨型魔方"，由7个三层高的L型单元组成，内部空间尤为现代，有从地面直接贯空近百米高的中央大厅，在国内高层建筑中极为少见。堪称"一本钢结构教科书"的土木工程学院大楼，是同济大学校园里第一栋全钢结构建筑，建于2004年，整体采用全钢结构外露设计模式，具有浓厚现代气息。具有锈红色体块大斜坡与白色体块"双手相握"造型的醒目建筑——中法中心，展现了中法两国"和而不同"的文化内涵。获得1994年度上海建筑工程"白玉兰"奖的逸夫楼，既现代又典雅，功能与空间关系有理有序。

这些极具风格、集视觉艺术与实用功能于一身的时代建筑，遍布校园，共同组成"创新引领""追求卓越"的紫色之路。

二、红色之路，传承悠久的文化血脉

校园里，除了彰显时代风采的同济建筑，还有很多人文景观，蕴含着"同舟共济""同济天下"的文化含义，在润物细无声中涵养着莘莘学子。同济大学的强大红色基因和光

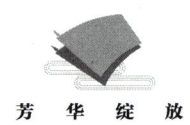

展示同济悠久历史文化的红色之路

荣革命传统，在红色之路上比比皆是。

四平路校门朝向正东，红褐色的圆弧院墙围绕着灰白色的校门，圆中寓方，方外有圆，寓意"为方以矩，为圆以规"。校园内的毛主席塑像是同济园的标志性景观之一，主席面带微笑，右手高举，似乎向来往的师生和来访者挥手致意。伫立在南北绿地中央的"国立同济大学纪念柱"——"继往""开来"，见证了同济的悠久历史和沧桑岁月，也见证了"同济天下"的使命与追求。"国豪园"内绿树掩映，鲜花绽放，园中矗立有李国豪塑像，他面带微笑，目光深邃。李国豪校长被称为"同济之魂"，在同济大学百年发展史上，发挥的作用和影响长远而深刻。同济大学学生运动纪念园始建于1987年，是同济"一·二九"事件的发源地，学校每年都会在此举办英烈纪念活动、爱国爱校主题教育。2021年，学校启动了学生运动纪念园的修缮及新增浮雕项目并于2022年9月完工。新砌了同济英烈纪念墙和修缮志墙面，在纪念园入口处新增了纪念浮雕，反映"一·二九"

事件爱国学生运动场景。

红色之路上还有校史馆、三好坞、孔园、爱校路、德文图书馆、博物馆、旭日楼、"师魂"纪念碑，整个校园像一本翻开的教科书，讲述着历史的沧桑和文化的自信，让身处其中的人感受和领略百年学府的独特魅力。

三、绿色之路，富含可持续发展的价值追求

新世纪以来，经济发展对能源产生巨大需求，可持续、环保概念在建筑设计中越来越重要。2003年，同济大学在全国高校中率先提出"创建节约型校园"倡议，近20年来，同济大学通过与联合国环境署——同济大学环境与可持续发展学院这一国际化合作平台，不断产出高水平科研成果，在可持续发展领域的学术优势和影响力居世界前列，引领和推动着国内甚至国际高校在可持续发展领域做出积极贡献。

展示同济可持续发展理念与实践的绿色之路

芳 华 绽 放

在绿色之路上，分布着同济节约型校园的建设实践成果。新建建筑和改建建筑都普遍使用节能技术：大礼堂采用了利用地道风道的新风预冷（热）空调通风系统、座椅送风系统、建筑节能材料和围护结构的保温隔热等措施；衷和楼则采用中庭复合通风系统、冰蓄冷空调系统、变频供水系统、地下停车库自然采光等节能措施。

太阳能光伏技术、地源热泵、低辐射节能型外窗、建筑遮阳、屋顶绿化、光导管、节能照明、辐射式空调末端系统也分别被应用于文远楼、旭日楼、游泳馆、环境楼、教学楼、图书馆等建筑单体。学生浴室在改建过程中先后使用了太阳能供热水系统、"中水回用"系统，节能超过30%。

2020年泰晤士高等教育发布世界大学影响力排名，展现全球大学为实现联合国17项可持续发展目标而采取的行动，同济大学位列全球榜单第13位，亚洲榜单首位。2022年4月，同济大学与联合国环境规划署续签了新一轮合作备忘录，将继续致力于南南合作，深入推进气候变化、生态系统管理、环境治理、化学品和废物、资源效率等领域高水平合作与交流。相信这条绿色之路未来会带动更多的学科与学校参与可持续发展建设，为守护人类家园增光添彩。

四、蓝色之路，彰显崇尚科学、创新引领的同济理念

近年来，同济大学坚持以世界一流学科建设为龙头，围绕重大科学问题，服务国家和地方经济社会建设。土木工程、建筑学、城乡规划学、风景园林学、设计学、交通运输工程等学科已经进入世界一流学科行列。

在这条科技之路上，坐落着国家重点实验室、创新实践基地、科普陈列馆、创新创业中心这些地标，展现了同济大学在科学研究领域持续创新的基础设施。土木工程学院结构试验中心就位于校园的西北角，拥有一系列大型结构试验设施，包括上海中心、东方明珠在内的很多著名建筑都在这里做的抗震试验。在建筑与城市规划学院D楼的一楼，有佛罗伦萨百花大教堂结构模型、世博会中国馆结构模型和各种形态充满创造力的艺术作品。这里是同学们放飞想象力的场所。深海探索馆是国内首个以深海为主题的科

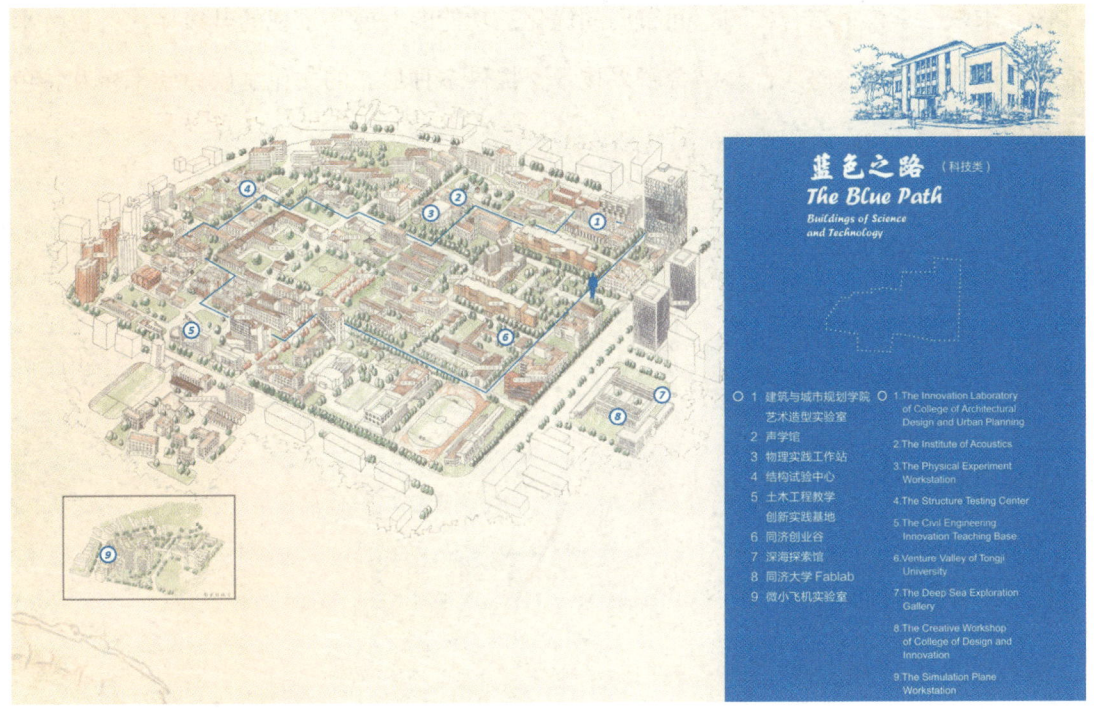

展示同济学科及科研平台的蓝色之路

普陈列馆,该馆是上海市科普教育基地,也是面向中小学生和社会公众普及海洋知识、探索深海科技的重要基地。还有同济大学设计与创意学院创立的中国第一个 Fablab 实验室——几乎可以制造任何产品和工具的小型工厂。实验室自成立以来,在中国推进开放设计和创新制造方面取得了丰硕成果,在中国乃至全球创客界声名显赫。

【思考与展望】

近年来,学校努力推进学校文化特质、校区文化特性和学科文化特色的交织融合,传承与弘扬新时代同济文化,创新载体与表现形式,建设大美校园。《同济大学文化之旅》四条文化之路的提炼,将校园里林林总总的建筑、文化景观有机串联起来,既突出了同济的学科优势,又体现了同济悠久的历史文化特征,彰显了新时代的同济精神。在每一个空间和场景里,师生都能从建筑及景观的布局与构成中获得文化的熏陶、情感的共振。未来，学校将结合校园空间布局的优化、功能的发展和景观的升级换代，提炼形成各校区的优质文旅路线，并结合新兴技术，提供多种形态的文化之旅体验平台和特色活动。

党委宣传部：李涵；教师工作部：周宏武

打造四季名片，传承校园景观文化

【核心阅读】

校园景观是传承校园文化的重要载体。同济大学实施"四季看同济"项目，融入"以人为本、生态优先"的绿色生态理念，秉承人与生态和谐共处、景观与文化密切结合、景观与生活有机融合的三大原则，突出体现校园四季的自然时令景观，应季换景，让师生们感受到交相辉映的自然之美和人文之美。通过创造适宜的校园自然景观和人文景观，四平路校区、嘉定校区、沪西校区成为上海市花园单位，为广大师生提供了优质的学习、交流、运动、休憩场所和必要服务，提升了学校环境育人功能。

【做法与成效】

一、人与生态和谐共处，创造四季校园景观

学校充分征集师生对校园绿化的意见建议，充分利用校园现有的地形地貌、水体、植被和历史人文场所，协调布局，因地制宜，保护和改善环境、美化校园，实现自然与人文的有机结合，突出季节特色，彰显同济文化。

春季主打植物及主要分布区域为：①樱花——四平路校区爱校路、西苑饮食广场东

南侧、嘉定校区中央大道南侧；②垂丝海棠——宁静楼北侧、三好坞南侧、教育超市北侧；③红叶李——"一·二九"路靠近爱校路、嘉定校区指挥部南侧；④紫荆——信息中心东南侧；⑤蔷薇——四平路围墙边；⑥二月兰——"一·二九"路靠近爱校路。

夏季主打植物及主要分布区域为：①睡莲——问源广场、中法中心、三好坞、嘉定校区迩楼、德楼南侧；②合欢——旭日楼北侧、问源广场东北侧；③凌霄——旭日楼北侧、西苑饮食广场东南侧；④绣球——南楼南侧花境、旭日楼内庭。

秋季主打植物及主要分布区域为：①美国红枫——瑞安楼西南侧；②水杉——中法中心、工程试验馆北侧；③枫香——问源广场东侧；④三角枫——三好坞北侧；⑤银杏——医学院西侧、游泳馆北侧。

冬季主打植物及主要分布区域为：①蜡梅——力学实验中心南侧、医学与生命科学实验动物中心东侧；②结香——北楼北侧；③火棘——校史馆西侧；④花坛草花——校区内各处花坛、花箱。

四平路校区景观

各校区内的花坛、花境、花箱面积约 2250 余平方米，每次更换草花植物约 225000 余株。学校在各花坛、花境种植蜡梅、结香、火棘，打造出生机盎然、坚韧不拔、高洁美丽的冬季花园景观，寓意莘莘学子刻苦学习、锻炼成长。

二、景观与文化密切结合，优化校园育人环境

（一）遍植樱花，形成赏樱文化

每年三月中下旬，随着枝头淡淡的粉色樱花逐步绽放，最美同济樱花天来了。一树淡粉春意闹，慕名而来的市民与师生们争先恐后地前往樱花大道感受春季浪漫。1997年，为庆祝同济大学建校 90 周年，日本 CSK 公司捐赠 100 株日本樱花，种植在爱校路、三好坞和南校区。2014 年，后勤集团工程中心牵头，历时 3 年之久，遍寻树种，新种 21 株同样品种、同样花期、树形相近的染井吉野樱花，将原来的 100 米樱花大道延伸为

樱花大道樱花盛开景象

300 米赏樱景观道。为了延续赏樱特色，后勤集团工程中心积极策划落实了嘉定校区种植日本早樱项目，于 2016 年起，在嘉定校区陆续种植 260 余株日本早樱，形成嘉定校区的景观新名片。

（二）优选红枫，传续枫林精神

同济校园内的色叶树种较多，且大部分因种植年代久远，树形较大，在秋天形成层林尽染的美好景观效果，但分布较为分散，没有集中的观赏地。1984 年由第二届研究生会的骨干人员提议创立属于同济研究生校园文化的节日——"枫林节"，从此成为一项传统，延续至今。2018 年，在"无车校园"改造中，学校经过充分论证，在瑞安楼附近停车场种植 32 株红枫，形成"枫林广场"，成为校园秋景观赏胜地之一。"枫林广场"景观契合研究生院的文化传统，既彰显了"同立时代潮头，济扬青春枫茂"的同

瑞安楼周边"枫林广场"景观

济学子时代精神,又寓意着"赤诚、热情、奉献、卓越"的枫林精神继续传承。

三、景观与生活有机融合,丰富立德树人载体

学校重视学生社区景观建设。2021年暑期,在四平路校区学三楼与学四楼之间改造原有绿地460平方米,增加景观花池,种植仙人掌类植物,营造新中式绿化庭院,不仅改善楼宇周边采光通风弱项,还提升了学生居住环境,使师生们学习、工作环境更加舒适、优美。2022年暑期,学校对四平路校区西北五楼周边绿化进行配套改造,移除原有长势庞大、影响采光的乔木,种植色叶类球状灌木。

位于学苑饮食广场西北侧的问源广场,是师生驻足晨读、赏景休闲的重要场所。广场设置了滨水休憩台地和缓坡草坪,种植睡莲、芦苇、水烛等水生植物以及高大笔直的

问源广场的睡莲

水杉等乔木，占地仅3亩，虽方寸之地，却别具风味。广场边拥有四平路校区最大的集中水景，学校选择了寓意"洁净纯真、出淤泥而不染"的睡莲为主打绿植，契合同济学子朝气蓬勃、积极向上的精神风貌。睡莲品种与数量逐年调整，欣赏区域逐步扩大，目前已包含有香睡莲、蓝色睡莲、红花睡莲、黄花睡莲等。经过精心打造，近年来，睡莲池已成为校园拍客们青睐并且出片率极高的场所，河道上的木桥更是成为毕业季拍照的热门打卡地。

嘉定校区济海面积较大，如大面积种植水生植物，建设成本与养护成本较高，为了解决河面单调的景观现状，增加观赏趣味性，在教学区南侧靠近孔雀房的浅水区，开辟出一条睡莲景观带，与河道内豢养的鸳鸯、天鹅动静结合，令人流连忘返。施工时还引起了同学们的关注，大家对睡莲都非常好奇和喜爱，围着施工人员问这问那，把施工现场变成了绿色环保主题的特殊劳动课堂。目前，睡莲景观带也成为嘉定校区师生休闲、学习的常选之地。

在校园四季景观的打造过程中，师生们积极参与校园环境绿化的实践活动，通过亲身参与种植植物、清除杂草等实践活动，体会美丽校园的来之不易，将爱绿、护绿的行为融入日常。通过全校师生的努力，切实做到了平面绿化与垂直绿化相交、树木与花卉并存、盆栽与地栽互补、大片绿化与小景布置结合，使校园成为四季常青、月月飘香的花园。

【思考与展望】

学校校园四季景观建设遵循为师生服务的原则，以植物群落作为绿化基本单位，遵循群落演替规律，对校园景观进行了科学而艺术的再造。园林植物以其独特的形态和生理功能，发挥了校园文化、环境美化、空气净化、气候调节等方面作用，并起到了很好的环境育人作用。同时，学校贯彻可持续发展理念，合理配置校园空间资源，坚持经济实用的基本原则，努力做到经济与美观结合，使校园绿化景观发挥更大作用。

后勤产业同济物业：桂珺

时空交错,打造智能厚重的"建筑可阅读"

【核心阅读】

大学的建筑蕴含着丰富的文化内涵,承载着校园的厚重历史,对外展现大学的独特文化形象。同济大学各个校区不同年代的建筑群不仅有着极具特色的外观,还具有很强的可读性。同济大学注重做好大学"建筑可阅读"系统,运用智能、交互手段,进行多样化的楼宇"建筑可阅读"系统提升与文化呈现,向各类人群展示好建筑形象、讲述好大学故事、传递好大学文化。

【做法与成效】

一、突出育人功效,打造影响人、教育人、塑造人的同济大学"建筑可阅读"

大学承担着传承文化、创新文化等职能,肩负着引领社会主义先进文化发展的重任。校园建筑是大学物质空间中的重要组成部分,也是校园文化的重要载体。通过"建筑可阅读"的呈现方式,全体师生、校友和全社会更好地认识大学建筑、了解大学历史、感受大学文化。同济大学建筑可阅读通过空间形态阅读、核心信息阅读与延展信息阅读三

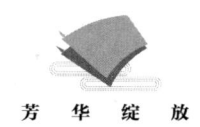

个层面,展现与传播校园建筑承载的文化属性,潜移默化地实现"以文化人、以文育人"目标。

(一)空间形态阅读,实现以文化影响人

通过构筑微缩的建筑三维形态,为观览者呈现建筑的总体形象,使观览者从更多视角对校园建筑形成整体空间形态认知。将建筑不同时期的空间形态和空间文化符号完整传递给阅读者,可以与建筑实景一起形成时空交错的整体印象和文化影响。

(二)核心信息阅读,实现以文化教育人

以腐蚀、刻字等形式呈现建筑的核心信息,使观览者第一时间了解建筑的主要信息,形成直观的阅读体验。核心信息的传达将原本鲜为人知的文化信息传递给观览者,让人们更直观地认识建筑的历史、学习建筑的相关重要信息,对建筑专业的学生直接起到教学实践作用,对相关专业的学生起到启蒙、丰富建筑知识的同时,也极大程度地丰富了文化教育的形式和内容。

(三)延展增强阅读,实现从精神上塑造人

建筑承载的文化信息丰富多元,尤其是校内不少建筑都蕴含着许多重要的历史事件和故事,将建筑的前世今生、历史资料和图片等完整延展信息,整合为图文结合的手机端阅读材料,从而形成全方位的快捷延展阅读和理解。通过大学建筑的悠久历史和不为人知的故事,给阅读者带来良好的精神感受,在润物无声中认识学校、热爱学校。

二、突出文化底蕴,打造可触摸、可解读、可延展的四平路校区"建筑可阅读"

四平路校区具有悠久的历史,建筑风格和建筑形式多样,因此该校区建筑可阅读突出历史、文化与科普属性,通过建筑实体介绍,既向观览者展示同济大学的历史和文化,

又向观览者普及各个时期、各种风格的建筑特色和专业知识，让观览者方便、快捷、全面地了解校园建筑知识和建筑故事。

同济大学四平路校区的楼宇"建筑可阅读"，从三个层面展开。

第一层面：空间形态阅读。四平路校区的新、老建筑在空间构成上各具特色，通过对建筑原有的三维形态进行抽象，并基于3D打印、雕刻石材砌块的形式，构筑微缩的建筑三维形态，为观览者呈现建筑的总体形象感知。

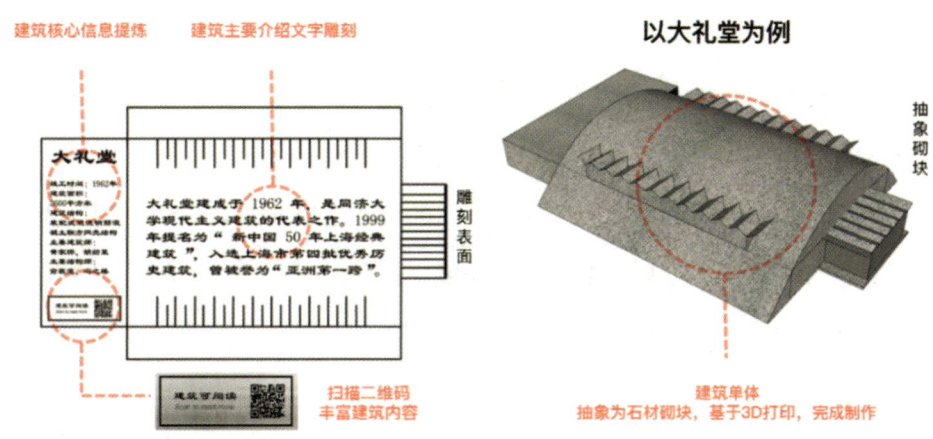

四平路校区建筑可阅读模型

四平路校区建筑可阅读移动端交互形式

第二层面：核心信息阅读。以石材刻字的形式，在砌块表面呈现建筑的核心信息，使校内外的观览者可以第一时间了解建筑的主要信息，形成直观的阅读体验。

第三层面：延展信息阅读。将建筑完整的延展信息、前世今生、历史资料、图片等内容，编辑形成图文并茂的阅读材料，在云端存储，通过二维码扫描的形式方便快捷地于手机端查看，形成对建筑全方位的延展阅读。

三、突出智能特色，打造可互动、可感知、可学习的嘉定校区"建筑可阅读"

嘉定校区为新建校区，建筑整体风格现代，体现了最新的建筑设计理念。同济大学嘉定校区的楼宇"建筑可阅读"，分为四个层面的阅读内容展开。

第一层面：空间形态阅读。选取不同的组团，以建筑互动沙盘的形式，对原有的三维形态进行抽象，通过具有现代感的铸铜材质呈现，构筑微缩的建筑三维形态，为观览者呈现建筑的总体形象感知。

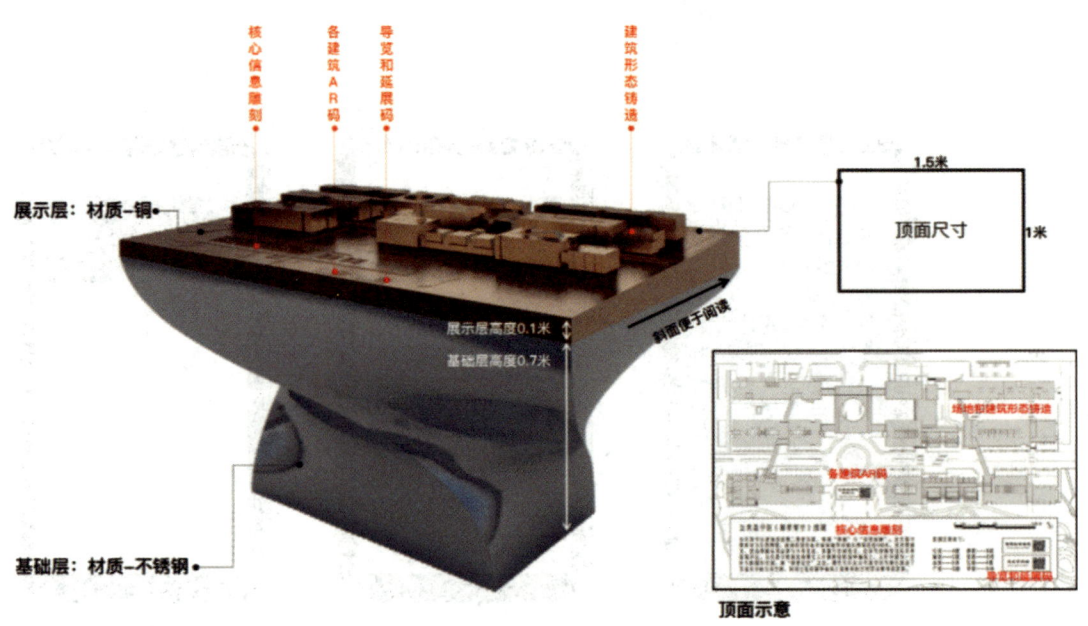

嘉定校区建筑可阅读模型

第二层面：核心信息阅读。以腐蚀、刻字形式，在金属沙盘表面呈现建筑的核心信息，使观览者可以第一时间了解建筑的主要信息，形成直观的阅读体验。

第三层面：延展信息阅读。将建筑完整的延展信息、前世今生、历史资料、图片等内容，编辑形成图文并茂的阅读材料，在云端存储，通过二维码扫描的形式方便快捷地于手机端查看，形成对建筑全方位的延展阅读。

第四层面：增强现实阅读。随着智能时代的到来和智能技术的发展，在打造"建筑可阅读"的实践中，将建筑3D模型制作成手机端AR，观览者可通过直接扫描沙盘模

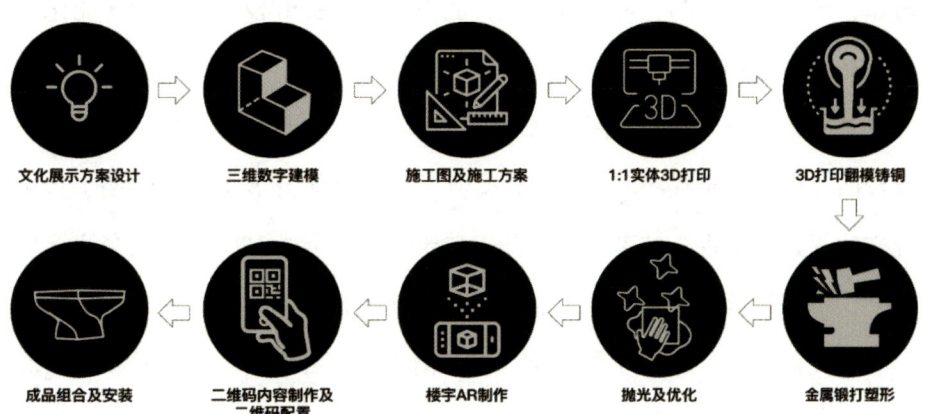

嘉定校区建筑可阅读实现流程

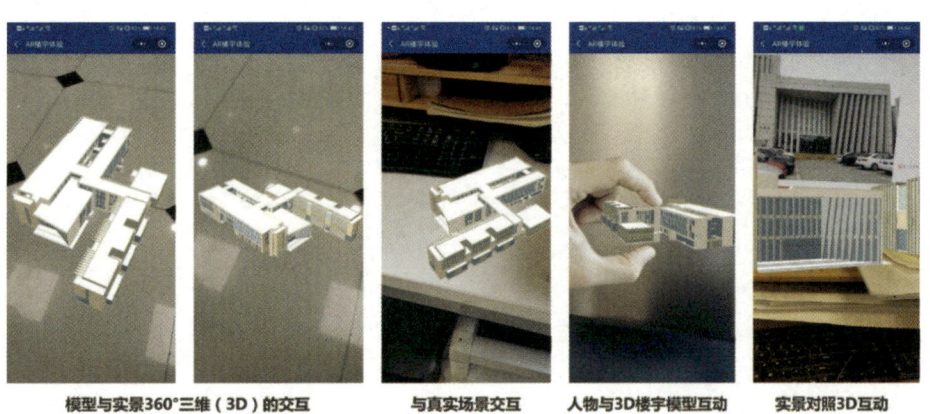

嘉定校区"建筑可阅读"交互形式

型及扫描二维码，获取手机端360°增强现实内容，实现建筑空间形态感知，使得观览者通过多层次、多角度的智能技术全面、全方位地阅读建筑，领略文化。

在打造"建筑可阅读"的基础上，近年来，学校探索了校园数字孪生、虚拟漫游的系统开发与实践，不断丰富校园"建筑可阅读"和文旅路线形式，更好地展现同济大学的建筑特色、校园风貌与人文底蕴。

【思考与展望】

"建筑可阅读，街区可漫步，城市有温度"，是上海市对于打造"人文之城"未来愿景的描述。"建筑可阅读"是把文化育人融入立德树人全过程的一种手段，更是拓宽通识教育人才培养的一种可行路径，能极大程度提升校园文化的智能化水准，丰富校园文化教育的内容，完善校园文化建设的载体。未来，同济大学将持续在用足大学校园的现有基础、完善"建筑可阅读系统"方面着力。一是综合"AR增强现实、3D打印、智慧校园、移动端小程序"等智能、交互手段，继续开展多样化的楼宇"建筑可阅读"系统文化提升与呈现。二是在满足基本建筑阅读功能的基础上，结合智能技术，进一步增强"建筑可阅读"的交互性、趣味性，建立建筑不同时期的模型与信息，丰富阅读内容及历史文化内涵。三是连点成线，将深化"建筑可阅读"与校园参观、虚拟漫游平台，打造线上线下校园优质文旅路线。

党委宣传部：顾旭峰

激活学生社区"微细胞",构建文化育人"强磁场"

【核心阅读】

为深入贯彻落实习近平新时代中国特色社会主义思想,加快构建高校思想政治工作体系,同济大学依托教育部"一站式"学生社区综合管理模式建设,积极回应新时代学生的新特点、新需求,拓展学生社区文化育人功能,丰富社区文化建设项目内涵,将学生社区建设成为大学生思想道德教育、行为规范养成和综合素质提高的重要阵地,全面激发学生社区创新活力,助力学校人才培养改革工作。

【做法与成效】

一、立足三大平台,挖掘学生社区文化育人内涵

(一)立足理想信念教育平台,以党建文化引领学生社区

发挥学生社区育人功能,引导各类育人力量与资源向社区延伸。各楼宇设置联系校领导、楼宇责任学院,选派驻楼教师、社区辅导员,充分发挥楼宇内学生党员、发展对象、入党积极分子、入党申请人的示范引领作用,加强理想信念教育。一是开设"学生社区微党课",丰富政治理论学习内容,鼓励党支部将"三会一课"向学生社区延伸,

芳 华 绽 放

定期开展党章学习、组织生活等活动。二是建立党员寝室挂牌、优秀学生党员社区亮相制度，推动党员亮身份、做表率、树形象，形成"向党员看齐，向党员学习"的良好氛围。三是学生党支部进入学生社区，多校区开展"解疑杂货铺""数学'赶集'""收纳大师""简历问诊""社区开放麦"等同学喜闻乐见的社区活动，真正做到"我为学生办实事"。四是建设"博士驿家"社区党群服务中心，充分发挥博士研究生党员"生

"博士驿家"博士研究生社区党群服务中心、学生党支部进社区活动

力军"作用，成立博士研究生社区党员先锋队，凝聚博士研究生党员力量，教育引导青年博士研究生"心怀国之大者，冲锋科研一线，团结带领同学，争当国之大才"。

（二）立足行为规范养成平台，以自治文化提升学生社区

学生社区是校园里的"居民社区"，是学生日常学习生活的重要场所，也是学生磨炼意志和养成良好的个人素养的社会实践基地。完善高校学生社区自治文化，对于提升高校人才培养的质量，强化教书育人的功能，促进学生成长、成功、成才具有重要意义。按照"自我管理、自我服务、自我提升"的原则，形成以驻楼教师牵头，社区辅导员和学生骨干为主体的管理团队，推动学生由"要我干"向"我要干"转变；强化健康生活理念，以宿舍为参与主体，引导学生自主设计宿舍运动会、趣味运动会等活动形式，引导学生"走出宿舍、走下网络、走向操场"；强化劳动教育，引导学生做好宿舍内务整理、公共空间保洁维护、自我打理等，并定期选树文明寝室典范，评选"十佳示范寝室"以及"十佳最美寝室长"，发挥学生朋辈的先锋示范作用。

（三）立足传统文化培育平台，以优秀传统文化浸润学生社区

将中华优秀传统文化融入社区文化体系构建中，打造国画书法、传统服饰、灯谜会、重阳诗会等文化传承载体。把培育和践行社会主义核心价值观融入育人全过程，以社会主义核心价值观的内涵为主题，设计具有思想引领意义的社区文化和宿舍文化，润物细无声。同时，依托学生社区将传统文化体验与重大事件、重要时间节点，如五四运动100周年、中华人民共和国成立70周年、党的二十大等关键节点相结合，在社区内开展"信仰的力量""向祖国表白""学党史、知党情、跟党走"等系列主题文化教育活动。

二、以满足学生需求为导向，提升学生社区文化氛围

（一）完善硬件基础设施，精准满足学生多元需要

将学生社区空间功能延展为"9+1"模式。"9"即党团活动室、传统文化工作室、

芳 华 绽 放

学生社区传统文化体验活动

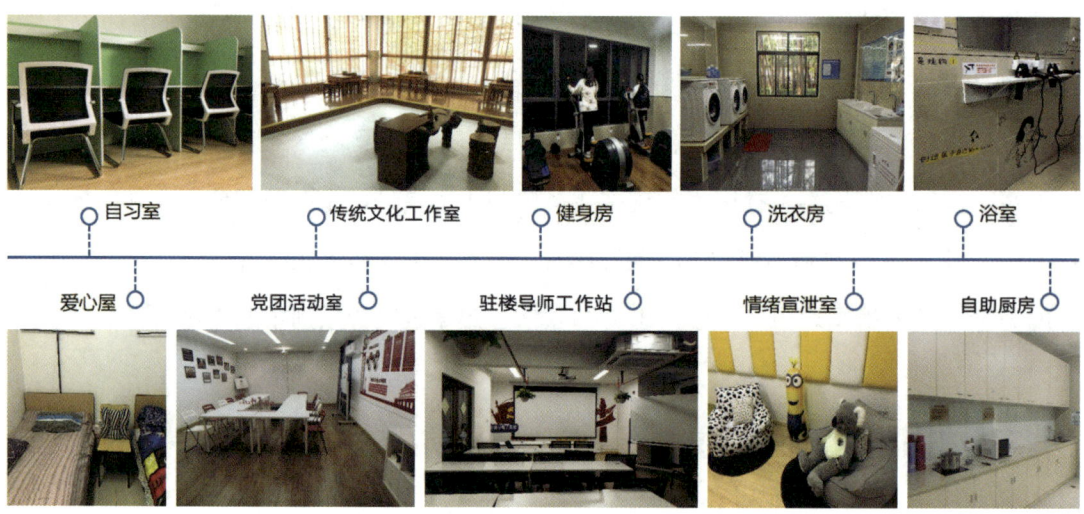

学生社区"9+1"育人场域

自习室、爱心屋、健身房、宣泄室、洗衣房、浴室、自助厨房；"1"即驻楼导师工作站。充分结合楼宇空间特色和学生群体学科特色，引入社区空间"特色+"理念，建好"梦想嘉园"青年社区中心，将以单幢宿舍楼宇为单位的点状育人空间进行延伸和辐射，组成以宿舍楼宇群落为单位的大社区，将宿舍楼宇内的育人空间与宿舍楼宇间的公共或半公开空间形成集成，打造集"文化创享""学习共享""知识乐享"于一体的多功能学生社区园地。

（二）做好楼宇宣传，营造良好文化氛围

充分利用宿舍楼宇中的宣传栏、黑板报、大屏幕等传统宣传阵地对同学润物细无声地进行思想教育。通过张贴社会主义核心价值观标语，弘扬时代主旋律；建成楼宇文化长廊，设立阅览角、走廊过道读书角、文化长廊经典诗篇等，营造温馨高雅的育人环境；打造楼道文化墙，张贴古今中外名人名言警句，传播正能量。楼宇文化建设既有党的理论政策宣传，又有学科专业特色作品展示；既有中国传统文化元素，又有时代律动气息，以无形的力量感染师生，浸润心灵。

（三）用好"五育"元素，打造"浸润式"育人空间

在集中打造系列功能空间的基础上，将"五育"元素融入社区文化建设，以润物无声的"浸润式"方式强化思想政治教育。以党建活动室为依托，开展入党启蒙教育、党史宣讲、红色观影等活动，引导学生自觉把个人理想同国家前途命运紧密结合；以学业研讨室、自习室、阅读室为依托，开展读书活动、经验交流、朋辈讲堂等，引导学生养成良好学风；以健身房、心语屋、爱心屋为依托，强化体育精神和心理健康教育；以美育室为依托，积极开展传统文化教育，引导学生传承和弘扬中华优秀传统文化；以洗衣房、社区义务劳动岗等为依托，挖掘学生日常生活中的劳动教育资源，让学生在实践中养成劳动习惯。

打造多彩社区文化活动

三、实现四个引领，打造学生社区文化品牌

（一）引领文明新风——"文明寝室"品牌建设项目

依托"文明寝室"建设，后勤管理人员、学生工作队伍定期巡查，将思想教育、学生党建、学风建设、宿舍文化、卫生安全等要素纳入宿舍考核评价指标。每年面向全校评选"十佳寝室"及"最美寝室长"，在先锋示范作用、良好行为养成、宿舍学风建设、宿舍文化氛围等方面选树学习典型。

（二）引领文化传承——传统文化建设项目

传承和弘扬中华优秀传统文化，引导大学生增强民族文化自信和价值观自信，培养学生的动手能力和创新精神，以美辅德，以美益体，以美助劳，开展书法体验、绒花制

校领导、知名教授、学者下沉学生社区一线

作、剪窗花、做香囊等活动。开展"讲国学、读经典""励志与修心"及知识竞赛等优秀传统文化系列活动，提升学生人文素养。

（三）引领视野开阔——"驻楼导师工作站"项目

凝聚各类育人力量和育人资源，形成学校党委统一领导、党政齐抓共管、各部门协同联动的工作机制。建立校院领导、知名教授、专任教师、杰出校友等驻楼制度，每年开展社区讲堂、学术研讨、成长问诊和师生对话等活动超300场，有针对性地为学生提供思想引导、学业发展、科研训练、项目实践等辅导，帮助开阔学生视野。

（四）引领奉献精神，"同济榜样"志愿服务项目

组织选拔优秀学生组建志愿服务队伍，深入学生社区开展示范引领、理论引导、精

准帮扶、红色传承等活动。如以青年教师、博士研究生为主体的习近平总书记系列重要讲话精神宣讲团，深入宿舍宣讲党的路线方针政策，引导学生听党话跟党走，加强理论引导。如以学业帮扶为目的的助教团，以进社区、走宿舍，访学生、送关爱的方式，切实解决学生在学习、生活中遇到的实际困难和问题，帮助学生扣好人生的第一粒扣子。

【思考与展望】

随着学生社区空间的改善以及育人资源与力量的有机融入，同济大学学生社区育人成效日益凸显。一是在协同机制方面，形成学校党委统一领导、党政齐抓共管、各部门协同联动的工作机制，建立"学校—学院""学校—社区—楼层—宿舍"双线并进社区思想政治工作系统。二是在资源配置方面，将各类育人资源整合并下沉到学生社区，打造围绕在学生身边的全方位、立体式、浸润式的育人时空。三是在制度保障方面，明确将学生社区管理纳入整体教育工作，修订完善学校和学院层面学生社区管理规范和细则，明确规定各类社区育人队伍的岗位职责。未来，同济大学将紧扣学生成长发展需求，结合"一站式"学生社区建设理念，充分发挥社区学生骨干、学生党员的先进作用，扎实推进学生社区文化建设，全面拓展社区文化育人维度，不断丰富学生社区文化活动，进一步优化社区文化环境，提高学生思想水平、政治觉悟、道德品质、文化素养。

党委学研工部：吴晓培、张燕、凌昱晨

同济风华，凝聚星芒
——提升开放空间的夜间活力

【核心阅读】

为了加强大学文化环境建设，打造校园文化旅游精品线路，增强同济精神的有形性、体验性和人文性，校园亮化工程以"同济风华 凝聚星芒"为设计理念，通过提高功能性照明、提升调光控制、确保安全节能、避免光污染和彰显同济精神的设计思路，确定一次规划、分期实施的方式，通过实施校园亮化工程，全面消灭校园暗区，安全照明无死角，提升开放空间的夜间活力，推进环境育人，建设美丽校园。

【做法与成效】

2019年，在一期校园亮化工程实施后，一位保研失利的同学给项目团队发短信，讲述了明亮浪漫的校园照明使他体会到家的感觉，感受到学校给他的鼓励与关怀，极大地平复了他的沮丧心情，提升了他勇敢面对未来的信心。这样一件看起来很小的事情，却让项目团队体会到环境育人的重要性。校园基建工作不仅仅是完成任务，更要通过抓细节重落实，让师生都能体会到学校环境育人的用心，传播同济文化，彰显同济气质。

芳 华 绽 放

一、脚踏实地，理清亮化工程需求和建设方向

基建处通过师生日常问题反馈、组织专题座谈会和团委"青春同济"公众号收集意见建议等多种形式和渠道听取师生意见，切实与师生做好亮化工程的前期沟通。同时，脚踏实地，走访调研各个校区各个区域的楼宇、道路、景观和标志标线，理清校园照明实际需求，明确亮化工程的建设方向。

（一）亮化工程意见建议

通过多种形式收集师生主要意见如下：一是提高道路、宿舍楼附近等区域的功能性照明亮度；二是提倡多种模式照明，按时间段和活动类型进行亮度和色温调节；三是注重灯具的节能性，避免造成浪费；四是避免改造后校园环境过亮，造成光污染。

（二）亮化工程建设方向

基建处通过调研走访，明确了当前阶段道路照明、建筑类载体、景观类载体和标志标线的亮化工程建设方向。道路照明应满足基本需求，与校园交通调整同步进行，且须满足最新规范要求。建筑类载体夜景提升具有必要性，应体现校内建筑的鲜明特色，体现文化性，突出记忆点。景观类载体夜景应保障基本需求并确保安全，同时体现空间特征，对校园文化进行传达，彰显各处景观及广场节点特色。标识标线应具备全天候较好的标识指向性，统一风格，丰富类型，保证校区内导向标识准确无误。

二、仰望星空，统筹亮化工程的设计方案

"一个民族有一些关注天空的人，他们才有希望；一个民族只是关心脚下的事情，那是没有未来的。我们的民族是大有希望的民族！我希望同学们经常地仰望天空，学会做人，学会思考，学会知识和技能，做一个关心世界和国家命运的人。"同济大学百年校庆前夕，时任国务院总理温家宝同志在同济大学这样说道。受此启发，校园亮化工程

四平路校区国立柱与教学楼前亮化效果

明确了"同济风华 凝聚星芒"的设计理念,通过"局部更新、整体微创、欠缺补足、分级完善和氛围营造"等改造办法,全面消灭校园暗区,安全照明无死角,提升开放空间的夜间活力,同时提升同济魅力,体现同济气质。

(一)亮化工程的规划策略

一是名校气质:传达同济精神,强化夜晚品质。灯光环境建设不应只是简单地通过"照亮"来提升,还需充分结合同济品质、着重体现同济气质。在人文基础上,灯光效果应与同济的空间肌理、功能组织等高度响应——做到"尊重载体、突显特征、形成记忆"。二是人文关怀:重视功能照明、标识照明等基础建设,保障基础出行,构建活力校园,保障校园安全。在安全的基础上,开放更多公共空间,以灯光环境为媒介,提升文化场所、文化活动的文化影响效应,打造有特色、有活力的高品质夜同济。三是创新

嘉定校区校前区夜间灯光

引领：同济夜间环境建设应结合学科特点，吸纳创新技术，通过同济技术服务校园文化建设，展示同济创新性，探讨示范路径，形成示范效应。

（二）打造"一横·一纵·一带·一环"

"一横"是校门广场轴线，为迎宾展示轴和人文体验轴，既是同济大学校园的主要轴线，也是欢迎海内外来宾的重要入口，应展现百年同济、中国特色世界一流大学的第一印象，体现卓越领航的名校气质和面向城市、面向世界的同济形象。该轴线在夜间也应让人感受到同济师生时不我待、满怀激情的精神面貌。

"一纵"是主干道轴线，为校园文化展示轴和校园生活体验轴。同济校园文化、社团活动的展示区以樱花大道为载体，借助青春多彩的社团活动，吸引热情洋溢的同济学子，创造出体现同济校园文化与创意的校园夜晚活力场所。校园休闲生活的体验区，借助两侧开放空间、休息处等载体，展现校园生活的独特气质，营造舒适、温馨的夜晚氛围。

嘉定校区河边景观亮化

"一带"是滨水景观带，为滨水景观体验带和生态休闲带，同时也是具有体验性、浸润感的线性校园滨水空间。借助连续的线性滨水空间及两岸优质的开放空间、景观绿地，以功能照明提升、线性水系建设、重要节点突显等方式，打造具有校园识别性与记忆感的优质休闲、活动空间。

"一环"是校园游览线，为校园游览环线和多元空间连接环。这也是安全校园、科技校园、智慧校园、历史校园的主题游览环线，展现同济科创智慧和文化底蕴，沿线步移景异，创造丰富多彩的校园游览体验。

三、因地制宜，优化亮化工程改造方法

学校统一部署，基建处具体落实，明确各校区照明规划并分期分区实施，坚持节俭高效原则，以安全、实用、易维护为主要目标，突出重点，兼顾景观。

（一）各校区亮化工程情况

四平路校区主区亮化工程重视人文品质，突出建筑特色，展示百年同济风华。一期分为三标段，一标段为校前区域，包含校门、入口景观、毛主席像、国立柱及相邻草坪和南北楼区域；二标段为和平路沿线区域；三标段为功能照明欠缺补足。二期亮化工程对校区内功能照明进一步提升并对三好坞安全照明进行补充。

嘉定校区亮化工程首重基础品质，保障师生夜晚安全出行，同时解析景观层次，打造具有安全感、归属感的精神家园。主要包括"仰望星空"标志性节点、校前区域、前区水系与校门轴线、图书馆到宿舍区域和体育馆运动步道沿线。

四平路校区彰武片区亮化工程包括毛主席像与园林、道路及景观功能照明，对基础照明全面升级，促进安全校园建设，并对重要节点景观加以营造，创造彰武夜晚休憩节奏点。

（二）亮化工程改造方法

建设过程中主要采用五大办法。

1. 局部更新

对人车混行道路及校园主干道两侧的灯具进行更新替换，统一采用低色温照明，重点强调校园"一环"，形成分级明确、重点突出的校园道路照明体系，同时起到人流导向作用。

2. 整体微创

对除人车混行道路以外的所有路灯进行微创改造，先对单个灯具进行研究性实验，通过"微创手术"进行提升，如采取在灯具顶部加设反射板的措施，从而推广至校园内其他道路，整体工程量小、时间较短，既经济合理又美观实用，更高效地改善整体照明质量。

3. 欠缺补足

无功能照明设施区域及时进行照明设施补足，充分结合场所特征，合理选用路灯或带有装饰性作用的草坪灯，最终满足功能照明需要。

4. 分级完善

根据调研情况对功能照明实施分阶段改进。亟须改进区域加快改进，更新后做好高品质的维护管养工作。

5. 品质提升

局部道路通过适当措施活跃氛围，在特殊路段设置彩色光、涂刷反光材料或设置互动性照明装置，特别是在重大活动、节日期间，活泼充满趣味性的照明装置给原本单调的夜间道路带来生机，体现了当代大学生活力与创造性。

四平路校区入口景观亮化

芳 华 绽 放

【思考与展望】

未来，学校将根据学校整体规划，以建设可持续发展校园为目标，继续完善各校区照明设施功能，不断美化和维护校园，打造能源高效集约利用、绿色空间有机生长、绿色文化普及推广的全球绿色校园发展典范，丰富同济文化和同济精神的传播形式。一是建设美丽校园，巩固"全国文明校园"创建成果。持续提升各个校区文化品质，在基础设施建设过程中注重融入校园基础设施同济文化氛围，达到使用、审美、教育功能的和谐统一，努力提升师生满意度和获得感。二是注重传递同济文化，增强同济精神的有形性、体验性和人文性。向师生和社会传递同济办学思想和大学精神，传播同济文化。加强同济形象标识系统宣传，修缮过程中强化校名、校徽、校训、校歌和学校精神等内容的融入。三是打造同济品牌，打造校园文化旅游精品线路。依托学院建立学科文化品牌，进一步弘扬学校和学科文化，建设同济文化传播基地。

基建处：印小晶、王同宇、薛慧、凌椿成

两堂两馆多校区协同，百卉千葩多渠道育人
——同济大学图书馆文化建设案例

【核心阅读】

学校十一次党代会以来，同济大学图书馆结合"推进文化自信自强，铸就社会主义文化新辉煌"的宏伟目标和具体要求，围绕学校中心工作，结合高校人才培养和立德树人的根本任务以及"三全育人"的综合要求，发挥自身的资源优势和文化服务特色，开展多平台、多元化、多类型线上线下相结合的文化活动，开展多媒体、多角度、多系列文化宣传与推广，积极探索适应社会发展和时代要求、具有同济大学特色和同济大学图书馆风格的双一流多元化综合文化服务。

【做法与成效】

一、构建"两堂两馆"特色文化服务平台

为充分发挥图书馆的文化育人特色和职能，图书馆设立了四平路校区闻学堂、嘉定校区文榷堂和博物馆、德文图书馆"两馆两堂"的文化育人平台，针对不同校区不同文化空间的特点和内涵，开展不同特色的文化服务。

（一）闻学堂："闻见学行　启智传薪"

闻学堂成立于 2013 年 6 月，位于四平路校区图书馆十楼，是集传统文化文献借阅、展示、研讨三项功能于一体的空间。闻学堂聚焦中华优秀传统文化，以"闻见学行 启智传薪"为目标，以书画艺术为抓手，以"观展览、听讲座、学课程、玩体验、享雅集"等"立体阅读"的传承形式，有效融汇书法、绘画、文字、篆刻、诗词等传统文化以及红色文化基因，使大学生受到人文艺术熏陶，得到美育的提升并积极参与实践，以及促进大学生想象力的拓展与创造力的启发。

（二）文榷堂："榷问治学　榷文济世"

文榷堂于 2020 年 11 月揭牌，位于嘉定校区图书馆 14 楼，以"传统博雅、山河筑梦、国际融合、科艺同源、芥舟济艺"为主旨，通过专题展览、讲座沙龙、文艺鉴赏、实践体验等形式丰富同济师生的文化生活和文化实践，推广中华优秀传统文化、革命文化和社会主义先进文化，推广学科文化及海派文化，传承同济精神，围绕立德树人根本任务开展一系列文化育人工作。

闻学堂举办"恰同学少年——革命诗词书法篆刻师生作品展"

2020 年 11 月，文榷堂揭幕仪式上师生和嘉宾合影

（三）德文图书馆："互学互鉴　携手同行"

德文图书馆于 2015 年新建，是以德国文化为特色的国际文化交流和展示平台，打造国际文化交流服务品牌。该馆以国际文化传播为主线，以加强德文重点资源建设和搭建学生实践平台为抓手，不断拓宽学生国际视野、提升学生文化素养。

（四）博物馆："为可持续而团结创新"

同济大学博物馆成立于 2016 年，以"文化·传统·经典"为定位，建设和完善了三个永久性陈列厅——"中国古代机械复原模型展示厅""中国建筑与建筑文化展示厅"和"中国园林与传统艺术展示厅"。此外，博物馆还重点推出了传承中华优秀传统文化和扩大师生国际化艺术视野的外国优秀艺术临展项目，形成了"传承中华优秀传统文化""非遗进校园"和"走近'一带一路'沿线重要国家和地区"等展览系列，并通过组织专家讲座、观众互动等方式，使观众在观展过程中"立体式"地传承优秀文化并受到熏陶。

芳 华 绽 放

国际学生在德文图书馆参加传统扎染技艺体验活动

博物馆老师正在中国建筑与建筑文化展示厅内向观众讲解汉代陶楼

二、提供多位一体的综合文化服务

2016年教育部印发的《普通高等学校图书馆规程》明确指出："高等学校图书馆是学校校园文化的重要基地，图书馆应充分发挥在学校文化传承创新中的作用。"同济大学图书馆充分发挥图书馆的资源优势，结合不同校区的特点和师生的文化需求，为师生提供"多元化 多形式 多路径"的综合文化服务。

闻学堂充分结合四平路校区建筑与城市规划学院、设计创意学院、人文学院等学院的学科特色和文化资源，从2018年起，相继举办"江山入画""游心化境""人间烟火"中国书法绘画主题活动，展示中国古代山水、花鸟、人物的不同画科名作以及图书馆精品绘画馆藏，结合画作的背景、内容开展观展讲解服务，传递画作的艺术美、笔法妙和时代精神。

文榷堂立足嘉定校区的区域特点，加强同嘉定校区各学院和部门的联动，推出"礼敬中华 名家讲坛""端午雅韵""中秋雅赏"等传统文化生活节，推出同济人的文化日历《文榷日历》，开展"文榷育美""文榷工坊"等文化课程和文化实践活动，丰富了嘉定校区师生的文化生活，扩大了同济大学的文化辐射力，形成了良好的文化育人环境，成为嘉定校区文化建设的重要阵地。

三、创新融新知重体验的文化服务

图书馆结合学校立德树人的中心工作，以社会主义核心价值观为引领，结合各类文化活动，为同学创造美育、德育和劳动实践平台，推进"三全育人"。在活动过程中发挥研究生助管、勤工助学学生的积极性，将实践育人贯穿始终，将文化活动和文化育人相结合。

闻学堂深挖研讨汉字与文化传承传播的关系，举办同济大学"言象意——汉字的传承与传播"系列活动，讲座、论坛、展览、体验，精彩纷呈。"字出东方"系列活动和展览，以汉字传播的不同载体和形式为体验内容，涉及生肖、雕版、拓印、印刷、篆刻、封泥、线装书等多个品类，令师生了解文字传播中的各个环节和技艺，弘扬传播古代智

闻学堂"汉字"展及十二生肖雕版印刷、活字印刷、甲骨拓印系列活动

慧与中华技术文明，解读作为中华文化基因的"汉字"所传递出的深邃内涵。

文榷堂与国家级宝石教学团队（同济大学）合作，以"中国玉石及玉文化鉴赏""珠宝鉴赏"等同济大学立德树人示范课、国家级一流本科课程为依托，策划推出"红映同济——庆祝建党百年华诞琥珀雕刻艺术展""喜迎二十大 同舟济未来——同济大学建校115周年印信文化展"等"爱国、爱党、敬校，立德、立信、树人"系列展览，激发学生创意，以学生为主体策划、筹备、设计、布置系列展览。"文榷工坊""文榷书画坊""文榷琴棋坊"等文化实践体验课程，邀请非物质文化遗产相关技艺传承人和指导老师，相继推出木版水印、嘉定竹刻、药斑布印染、古籍书等制作、珐琅掐丝等劳动实践体验活动，提升同学的审美和艺术技能。

四、培育多渠道广宣传的文化服务

围绕宣传同济文化和传承同济精神，图书馆同工会、团委、学研工部和多个学院开展深入合作，亮点突出，社会影响广泛。在宣传方面，加强围绕某一文化活动的持续宣传、深入宣传、互动宣传，注重"多频道、多角度宣传，高立意、高质量宣传，有针对、大范围宣传"，以合作的形式扩大影响力，让更多的师生参与进来。在党委宣传部的支持下，图书馆在学校官微、图书馆微信公众号连续八期推出"同舟共济"印记系列推送，在 IP SHANGHAI 等校外媒体广泛传播，有近 10 万阅读量。德文图书馆通过讲座、沙龙、文化体验、研讨会、展览、音乐会等多种形式，创建国际文化教育第二课堂。以参与举办中外文化之桥、德国文化节、讲好"同济与德国百年故事"活动，"音为有你"德语配音大赛等展现同济与德国的友谊，为广大师生提供互动和展示国际文化交流的平台，加强国际文化的互学互鉴。

【思考与展望】

除了继续强化传统形式的文化传承功能，在建设社会主义现代化文化强国的新征程中，同济大学图书馆的文化育人工作还可以在以下方面持续提升：一是通过空间渲染设计、文献资源建设、读者文化体验、阅读推广活动、勤工俭学计划、志愿者服务等环节，充分发挥管理育人、服务育人、文化育人、劳动育人等职能；二是进一步通过文化服务践行以文化人、以文育人的职责，潜移默化地培育青年学生的劳动精神、奋斗精神和奉献精神，弘扬和宣传社会主义核心价值观，展示中华文明的精神标志和文化精髓，坚定青年学子的文化自信，坚守中华文化立场。

图书馆：周黎萍、曹洁冰、曾小娟

芳 华 绽 放

"以展建藏"谱新篇,"展课结合"育新人
——同济大学特色博物馆建设案例

【核心阅读】

高校博物馆承担着高校文化育人、教学育人的重要使命。近五年来,同济大学博物馆在基本陈列的建设上以传承优秀传统文化、服务学校学科建设和弘扬同济文化为宗旨,将博物馆常设展厅的建设与学校的优势学科发展紧密结合,聚焦中华民族五千年的优秀文化瑰宝,采取灵活多样的表现形式,打造出一个古今交融、别具特色的文化空间,现已成为广大师生和社会公众喜爱的文化"打卡地"。在临展的策划和安排上,紧密围绕学校立德树人的根本任务和"三全育人"的实施要求,以"文化·传统·经典"为目标导向,举办一系列融科学、文化、技艺、创新于一体的展览,积极配合打造文化鉴赏和实践类系列课程,展课结合,成为体现同济大学学科优势与特色、彰显大学理念与文化的重要窗口。

【做法与成效】

一、积极扩充馆藏,丰富常设陈列展厅

习近平总书记指出"一个博物院就是一所大学校"。高校博物馆作为学校一张闪亮

的文化"名片",既要体现大学的特点和内涵,又要充分彰显"文化育人"的功能。同济大学博物馆充分结合学校的学科特点,发挥科学研究和人才培养优势,常设有中国古代机械复原模型、中国建筑与建筑文化、中国园林与传统艺术三个大型展厅。

以中国古代机械复原模型为例。它是著名科技史专家、同济大学机械学院陆敬俨教授团队对中国古代机械史研究成果的呈现。20世纪80年代,陆敬俨对许多中国古代机械进行了系统考证,并复原制作了大量中国古代机械,其研究成果在1998年上海市科委主持的"中国古代机械复原研究鉴定会"中得到高度评价,被认为"整个研究工作成就显著,在中国古代机械复原研究领域中达到国际领先水平,其长期形成的一整套工作方法,对中国机械史研究具有深远意义"。由于各种原因,陆敬俨教授团队复原制作的中国古代机械模型大多散失。"救救这些古代机械成果,不要让它们在一代人的手中再失传",这是同济大学博物馆老师走进退休多年的陆敬俨先生书房时,他发出的恳切呼吁。为了让这一辉煌科技成就不被淡忘,展现同济大学的学科成果,传承中华优秀传统文化,同济大学博物馆克服重重困难,先后完成了春秋巢车、汉代水排、宋代风车、元代牛转八磨等十三件中国古代机械模型,又在校友苏邦俊赞助下复制了北宋科学家苏颂研制的"水运仪象台",接受了兄弟单位捐赠的秦代铜车马、汉代指南车、汉代地动仪三件中国古代机械模型,从而完成了"中国古代机械复原模型展示厅"的建设。展品展出后,受到了校内外观众的关注,有些中小学还专门组织学生进馆参观。有观众留言:"这个展览展现了我们祖先伟大的科技成果,我感受到中华优秀传统文化不单单是经史子集和琴棋书画,中国古代的科技也是中华优秀传统文化的重要组成部分。"也有观众说,这些机械模型反映了祖先在人力、畜力、风力和水力上的巧妙利用,古人的智慧对我们今天开发绿色能源仍极具启发意义。

在此基础上,博物馆又建成了"中国建筑与建筑文化展示厅"。第三个基本陈列——"中国园林与传统艺术展示厅"目前处于边建设边开放过程中。三个常设展厅展示了古代机械、建筑园林的辉煌成就,彰显了同济机械、建筑和园林等学科以及师生在保护中国文化遗产上所作的贡献,让人感受到中华民族的创新和智慧,是中国传统科技文化教育和爱国主义教育的活教材。

芳 华 绽 放

中国古代机械复原模型展示厅一角，扫码可观看视频

中国建筑与建筑文化展示厅内老师向小观众们介绍中国古代建筑

二、围绕以文化人，举办丰富多彩的各类展览

不出校园也能看世界，"威武的白熊、拿破仑雕像灯台……"这是 2019 年 11 月观众在同济大学博物馆参观"欧洲瓷器 300 年——中国瓷器文化对欧洲瓷器文化和经济发展的影响"专题展所欣赏到的瓷器展品。该展览以中国出口瓷器和欧洲瓷器为载体，通过加拿大著名华人收藏家孙建伟和拉斯洛·帕拉克维茨（Laszlo Parakovits）夫妇珍藏的 300 余件藏品，展现瓷器"出口与传播、模仿与消化、创新与发展"过程。展览不仅开阔了师生的文化视野，同时欧洲市场对瓷器的重视和传承、创新与发扬也引起了观展师生的共鸣与深思。

收藏家孙建伟女士正在向观众介绍展品

博物馆自设立以来，以每年 8～10 场高质量大型展览的频率服务师生，成为文化交流的开放空间和校园文化生活的重要场所。将展览与学校特色和学科特色结合，也是博物馆策展的重要方向。近年来，博物馆结合传统文化教育和相关学科建设，与学校设计创意学院共同举办了十几届"非遗进校园系列展览"，展示了全国各地非遗传承人的精美技艺；与学校创新创业学院共同举办了两届"汇创青春——上海大学生文化创意作品展示活动"。这些展览开阔了师生的眼界，在青年学子中产生良好反响。

2023 年"同济大学第十三期'非遗创新设计'研修研培成果展"

三、结合五育并举,打造公共服务的第二课堂

高校博物馆不仅是大学重要的文化窗口和向社会开放的公共服务平台,同时也是教学、科研的第二课堂。同济大学博物馆围绕立德树人根本任务,坚持"五育并举",通过服务创新,使博物馆成为培养德智体美劳全面发展的社会主义建设者和接班人的公共教育平台。学校十一次党代会以来,同济大学博物馆发挥自己的优势,用前瞻性的眼光和视角,打造出"红色革命文化""同济人风采""传承中国优秀传统文化""非遗进校园""大师""走近'一带一路'沿线重要国家和国外优秀文化"六个展览系列品牌。这些系列展览品牌对于继承革命传统、凝聚同济精神、激发民族自信、传承文化技艺、拓宽国际性视野、提高艺术素养都起到积极推动作用。

展览和课程结合、展览和讲座结合、线上和线下结合、平面和视频结合、多元化的文化育人途径和文化宣传方式,使得博物馆成为学校开展公共文化服务的第二课堂。专家讲座、知识竞赛、文化实践、观众互动等文化活动的开展,寓教育于潜移默化之中,使观众全面、立体、多元地感受到中华优秀传统文化和西方文化的魅力。

为适应观众需要,除传统的展示方法外,博物馆的展览手段和设施也在"与时俱进"。2020年是博物馆选用和安装声光电展览新设施的启动之年,在一楼序厅建成了沉浸式交互空间数字投影墙,在二楼序厅安装了为"中国园林与传统艺术展示厅"配套的大场景融合数字投影墙系统。

同济大学博物馆每年举办的展览项目数量已居全国高校博物馆前列,2018—2022年期间,共举办了63个线下展览项目和30个线上项目。"学习强国"平台、中央电视台、中国新闻社、人民日报等各种媒体都对同济大学博物馆进行了报道,同济大学博物馆在高校博物馆界和校内外的影响也越来越大。

【思考与展望】

始终坚持以服务学校发展为目标导向,按照学校规划中对校园文化建设的要求,对标一流大学建设方案,建设一流的高校博物馆,是同济大学博物馆今后的努力方向。一

芳 华 绽 放

是要进一步提高博物馆的服务水平,继续推进基本陈列——"中国园林与传统艺术展示厅"和博物馆软硬件的建设。二是要以"立德树人"为根本任务,继续通过博物馆的平台进行六大展览系列的多元化展示,做好优秀文化与艺术的提炼和传播,提高展示水平,不断满足校内师生和社会公众的文化需求。三是要积极助力一流大学建设,促进大学文化、教育教学质量和科研水平的进一步提升,致力于打造一座特色鲜明的高校博物馆。

图书馆:周玮;博物馆:章回波、龚兵

传承学科文化，弘扬科学精神
——培育"学术与育人"第一价值追求的文化土壤

【核心阅读】

同济大学历来重视和支持学院学科文化建设和科学精神弘扬，通过校院两级联动，挖掘学科文化传统，讲好学科文化故事，创建科普创新品牌。学校的大学文化建设"十四五"规划中实施学科文化建设行动，持续支持更多学院研究学科历史、凝聚学院学科精神，创作学科文化作品，兴建院史展馆、展厅、展廊，建设科普基地、创新创业教育基地和专业小型博物馆、陈列室等学科文化基地，开展学科文化的宣传教育和科普创新实践活动，推动了大学文化的传承创新与科学精神的践行弘扬。

【做法与成效】

一、丰富学科文化载体，继承办学传统

各学院积极挖掘办学历史和学科传统，凝聚学科精神和文化特质，形成"各美其美，美美与共"的校园文化生态，增强文化自信和文化自觉。

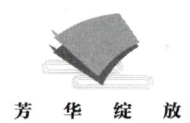

（一）凝聚饱含学科内涵与特质的精神理念

各学院基于学科发展历史，总结凝聚形成了各具特色的办学文化理念和学科精神。比如，土木工程学院提出"兼容并蓄、求实创新"的土木精神，建筑与城市规划学院秉承"博采众长、缜思畅想"的学院精神，交通运输工程学院凝聚"思行合一、交融成艺"的办学精髓，人文学院弘扬"人文化成、同济天下"的人文精神，汽车学院确定"笃行致远、追求卓越"的发展理念，测绘与信息学院明确"测天下为大同、绘经纬以共济"的办学目标，法学院坚持"立时代潮头、育法治英才、发思想先声"的办学使命，海洋学院提出"忠于事业、艰苦奋斗、开放创新、争创一流"的同济海洋精神和"同舟共济，钩深致远"的海洋文化，为同济精神注入了新的时代内涵。

（二）编创主题多样、精彩纷呈的学科文化作品

部分学院系统梳理发展历史，撰写各类纪念文章、文集、出版物，创作优质文化作品，展现学院学科发展历史上的典型人物事迹和突出成就，形成学科传统与精神特质传承的有效载体。比如，建筑与城市规划学院多年来一直深入发掘各时期学科大师的为师为学理念和治学观点，持续出版冯纪忠、金经昌、戴复东、黄作燊、吴景祥等大师的纪念文集以及展现新时代学人风采的专题书籍，土木、交通、汽车、环境、医学、法学等

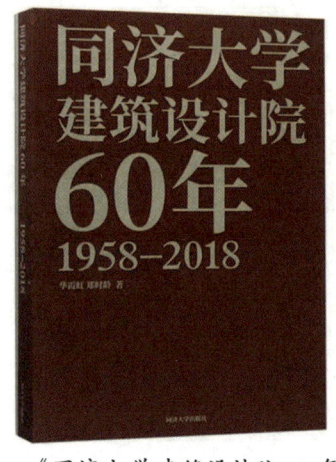
a.《同济大学建筑设计院60年》
出版的部分学科文化作品

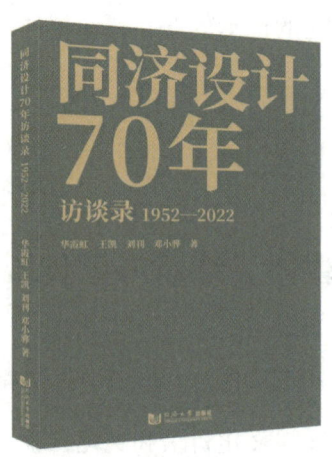
b.《同济设计70年》

学院学科也大力支持编写出版学科人物、学科发展历史的书籍以及科普专著，形成了传承学科文化的宝贵财富。

二、构筑学科文化基地，弘扬科学精神

各学院重视院史挖掘和科学精神的发展与弘扬，在档案挖掘、人物采访、实物征集的基础上，推进院史展馆、展廊、展墙和科普展馆建设，形成一系列沉浸式学科文化基地和科学精神及优良学风教育的场馆群。

（一）分批兴建各具特色的院史馆廊

建筑与城市规划学院从2003年即开始采访校友，征集藏品，2006年建成全校第一个院史馆，近年来不断完善展陈，以院史馆为核心，打造了建筑与城市规划相关学科文

a. 建筑与城市规划学院院史馆

b. 土木工程学院院史馆

c. 医学院院史馆

部分学院院史馆

d. 交通运输工程学院院史馆

化与创新成果的参观体验路线。土木工程学院 2012 年先行开通网上院史馆，2014 年建成线下院史馆，近年来线上线下联动，全面展现积淀了近 110 年的"扎根大地不离土，培育栋梁参天木"学科文化，2023 年获批建设全国科学家精神教育基地。医学院从《梦溯医源 追求卓越》医学院宣传册编写开始，不断征集拓展，2017 年推出院史展，2019 年建成院史馆。交通运输工程学院从几代交通学人的事迹挖掘出发，开展档案编研，系统梳理各二级学科发展传承历史，2020 年建成院史馆，2023 年建成线上院史馆。环境科学与工程学院、材料科学与工程学院、汽车学院、艺术与传媒学院等建成学科发展历史展厅展廊。各个学院的院史展馆形成了学科文化育人的打卡地，也为其他学院院史馆廊建设形成了示范，积累了经验，在全校形成学科文化传承发展的良好氛围。

（二）精心策划文化与科学融合的科普展馆

多年来，各学院发挥学科优势，精心策划建设了一系列融科普教育、创新教育与学科文化传播于一体的科普展馆。其中，海洋与地球科学学院的深海科学馆、深海探索馆、深海体验馆在上海市基础性科普基地综合评价中排名第三、获评优秀。物理科学与工程学院的物理实践工作站获批上海市青少年科技人才培养基地，光学科普基地获批中国光学学会首批科普教育基地。同济大学铁道与磁浮科普实践教育基地和同济大学牵头建设的上海自主智能无人系统科学中心获批 2021—2025 年第一批全国科普教育基地。铁道与城市轨道交通研究院、磁浮交通工程技术研究中心、交通运输工程学院、汽车学院等单位整合铁道与磁浮科普实践教育基地、上海公路学会智慧交通科普教育基地、同济大学汽车空气动力学科普基地及院史展示馆，初步建设形成大交通学科展示基地。各学科科普基地与实践教学中心、学科展示馆结合，形成了传播学科文化、弘扬科学精神和科学家精神、服务大中小一体化创新人才培养的有效平台。

三、搭建学科文化平台，引领创新发展

各学院充分利用学科文化基地资源，搭建了融创新研究与文化交流于一体的学科文

同济大学深海科学馆、深海探索馆

化平台,引领师生跨学科开展创新活动。

(一)广泛开展跨学科学术文化交流活动

充分利用同创谷、教师发展中心、大学生活动中心以及各学院文化交流空间,构建跨校区、跨学科的师生交流文化平台,给各学科师生提供可深入讨论、合作研究、创新

芳 华 绽 放

实践的社交型学术空间和软硬件资源平台。学校也充分发挥青年教师联谊会、研究生会、团学联、师生社团等组织的作用，运用好教师沙龙、高等讲堂、各学院学术交流论坛平台，面向中青年教师和本硕博学生开展多个层次、形式多样的跨学科交流研讨活动，形成思想火花碰撞。各学院通过讲座、论坛、展览和新媒体平台推动学科文化建设。其中，建筑与城市规划学院年均举办 250 余场学术讲座；交通运输工程学院"同路人"系列学术论坛已举办超 500 期；海洋与地球科学学院"科学、文化与海洋"人文素养讲座和院士担纲的《深海探秘》科普讲堂、艺术与传媒学院"惟新讲坛"和"惟新影院"、汽车学院"同车行"学术大师讲堂等都已形成了广泛的影响力。

（二）持续推进青少年科普创新活动

近年来，各学院科普场馆开展了丰富多彩的主题活动，年均接待超过 3 万人次，辐射周边社区、科研院所、中小学及其他高校。铁道与磁浮科普实践教育基地逐渐形成了"科普·体验参观、科普·新媒体、科普·专家讲、科普·创新实践"4 个板块的科普系列活动。上海自主智能无人系统科学中心每年举办多场科普论坛活动、科技夏令营、暑期学校，接待大中小学师生和企业干部参观学习。其他学科的品牌科普创新活动也深受广大青少年欢迎，"深海考古""探秘上海海岸"等研学课程与中小学海洋创新课堂、"同舟济世 健康天下"杯健康科普大赛、"同心共创 济遇未来"同济大学附属实验中小学科技劳动节等均得到了社会各界的大力支持和广泛参与，成为同济大学传播科学精神和服务社会的鲜亮品牌。

【思考与展望】

学院学科文化是大学文化建设的基础，也是推动事业发展的强大支撑。学科文化的建设既要体现办学传统，又要体现科学精神和时代特征。未来，学校将进一步加强校院两级联动和部门协同，深入推进各学院学科文化建设，培育"学术与育人"第一价值追求的文化土壤。一是进一步明确学科文化育人的定位与分工。厘清学科文化与社会主义先进文化、革命文化和中华优秀传统文化之间，不同学科文化之间，学科文化与校园文

铁道与磁浮科普实践教育基地与上海自主智能无人系统科学中心举办青少年科普开放活动

化之间的关系，形成各类文化育人的分工与合力。二是加强对学科文化建设的统筹和联动，形成学科文化建设的推进路径。宣传部、科管部、档案馆等部门应加强学科文化建设、科普创新、学风建设、科学家精神弘扬的系统规划与指导，与各学院全面联动推进学科文化建设和科学精神传承。三是进一步丰富载体，践行和传播学科文化。分阶段推进学科历史文化场馆、科普基地等科学家精神与优良学风教育场馆群建设，推进学科文化及科普出版物、文艺作品创作，支持各学科打造学科文化品牌活动，使之成为中国特色世界一流大学和一流学科的文化标志，扩大同济大学学科文化和科普工作的社会影响力。

档案馆：邹晓磊

打造服务育人文化品牌，彰显同济后勤责任担当

【核心阅读】

"吃在同济"早已成为师生校友和社会大众公认的同济特色后勤服务文化符号，如何在后勤服务中更深层次地体现同济文化，形成同济特色的服务育人文化品牌，是学校关注的一项重要工作。2018年10月，同济大学入选全国首批十所"三全育人"综合改革试点高校，后勤产业公司抢抓契机，全面布局，深入挖掘后勤育人元素，围绕饮食育人、环境育人、社区育人、劳动育人等，打造出"四大类劳动育人课程体系""五大特色服务育人品牌""七大浸润式育人空间"系列服务育人文化品牌，产生了广泛的社会影响。

【做法与成效】

一、打造"四大类劳动育人课程体系"，培育劳动精神

依托校内"跨界分散"的劳动教育示范岗及实践基地，开展各类劳动实践活动，构建体验类、执勤类、活动类、技能类四大类劳动教育实践课程，引导学生养成良好的劳动习惯和品质。

搭建沟通桥梁，开设体验类劳动教育课程。为引导学生了解饮食文化，品味烹饪技

艺，建立师生良好的双向联系，后勤产业公司于2018年起创办"同济发现之旅"系列体验类劳动教育实践课程，让学生能够近距离参观体验经典菜肴从原材料到成品的生产加工全过程，跟着厨师一起追寻食物的起源，了解饮食文化的源远流长。目前已开展"大排之旅""粉蒸肉之旅""海苔中翅之旅""五彩秋葵之旅""目鱼豇豆茄子之旅""肉末豆豉蒸豆腐之旅"等36次烹饪体验活动。

强化责任担当，开设执勤类劳动教育课程。为引导学生积极参与校园治理，营造师生共建校园文化的良好氛围，2020年秋季学期起，饮食中心在各大食堂设立垃圾分类监督员、光盘行动宣传员等劳动岗位，每天设岗168个、提供劳动课345.6学时；学生社区中心在宿舍和办公楼宇设立环境监督、功能用房管理、寝室内务检查监督、值班室接待、维修陪同、楼长助理、社区文化建设助理等劳动岗位，每天设岗698个、提供劳动课1332学时；物业中心每天设立垃圾分类监督劳动岗位28个，提供劳动课67.2学时；会务中心设置理货、上货、秩序维护、资料审核、咖啡拉花、会场礼仪、形体指导、化妆指导、健身教练、跳操教练、外语接待、自行车停放督导等劳动岗位，每天设岗22个、提供劳动课51.6学时。饮食、物业、会务、学生社区四大中心每日设立执勤类劳动教育岗852个、可提供劳动课程1796学时。

拓展载体形式，开设活动类劳动教育课程。后勤产业公司紧随新时代新形势、运用新载体新理念，开设形式多样的活动类劳动教育课程，构建全方位、多层次、大空间的综合管理育人机制，让更多学生更长时间参加劳动教育实践。利用清明、端午、中秋、重阳等传统节日，开展"手作之乐"DIY等活动，通过现场教学，手把手指导学生制作青团、香菇菜包、南翔小笼包、粽子、鲜肉月饼、重阳糕、崇明糕、蔓越莓饼干、巧克力曲奇饼干、果味奶冻、提拉米苏、面包布丁、奶油小蛋糕等中西式糕点，既让学生掌握了生活技能，满足其提高餐饮品位的精神需求，又促进了师生间的相互沟通，接受中华传统饮食文化的熏陶。利用寒暑假，面向留校学生开设"食堂帮厨"校内实践课程，通过较长时间和较高强度的技能训练，培养学生的热情服务品质和吃苦耐劳精神，增强社会责任感；新生入学季，开设"勤塑'五观'行为养成"劳动课程，通过"育、践、固"三个阶段的训练，分层次、有重点地培育学生的时间观念、卫生观念、劳动观念、安全

指导学生制作香菇菜包　　　　　　　　指导学生插花

观念和纪律观念，使学生在劳动实践中实现自我管理、自我教育、自我服务、自我监督。

　　提升劳动能力，开设生活技能类劳动教育课程。遵循"生活即教育"理念，精心打造生活技能类劳动教育课程，将理论和实践教学与实施劳动教育相结合，旨在巧用生活课堂赋能劳动教育实践，帮助学生掌握食品制作、插花、园艺栽培、宿舍收纳整理等方面的生活技巧，打造优美的寝室环境、校园环境，引导学生养成乐观向上、热爱生活的劳动情怀，达到以劳树德、以劳增智、以劳强技、以劳育美的育人成效，让学生在劳动实践中发现美好并让美好发生，最终目标是让学生在校期间"学一技之长、享劳动之乐、品生活之美"。

二、打造"五大特色服务育人品牌"

（一）济食育人，品传统美食之味

　　将美食活动与饮食传统文化高度结合，以经典菜肴为媒介，以亲身参与为途径，以二十四节气和传统节日为节点，通过二十四节气时令菜肴推介、端午、中秋重大传统节日菜品打造，生动具体地向学弟学妹传承"吃在同济"的饮食文化，同时唤起学兄学姐们的校园情怀，让学生们在今后的日常饮食中更加全面深入地体会到饮食文化的魅力，从中获得满足感、幸福感及归属感，从而在传播同济饮食文化的同时，达到饮食育人的效果。

二十四节气菜单

（二）济景育人，赏校园风光之美

从"美"的角度出发，充分挖掘同济校园之美景，通过组织"心中有爱，花开不败——艺术插花班""绿化之旅——四季看同济""邂逅小鲜肉——多肉盆栽培训"等活动，让同学们参与其中，赏景、看景，感受美、创造美，在美景中感受同济校园风光，在活动中感受同济历史人文环境，提升文化艺术修养，提高校园幸福指数，放飞心情，展示对美好生活的纯真追求。

（三）济行育人，塑高尚品德之行

坚持"德""劳"并济，通过"21天——有志青年勤塑'五观'活动""护绿卫士在行动""走进社区体验多彩传统文化""师生朋辈推心讲交流汇"等活动，增强学生自我教育、自我服务、自我管理、自我监督意识，把思想政治教育贯穿各类实践和活动之中，鼓励学生养成良好的生活习惯并参与到劳动中去，引导学生树立正确的劳动观、生活观。

（四）济勤育人——惜劳动创造之果

通过搭建各类实践平台，开辟"厨房小帮手"等劳动课程，拓宽劳动教育渠道，丰富劳动内涵，学习劳动技能，增强劳动能力，体验劳动者的艰辛，从而培养正确的劳动观，促进学生生活素养与良好品德的形成。

（五）后勤 logo，扬服务育人之名

后勤产业公司集思广益，设计出了同济后勤的专属 logo 及"三全育人"的主题 logo，更加生动、具体地展示同济后勤形象，加深学校师生和外界对同济后勤的了解，提高认知度，扩大知名度，增强后勤职工的荣誉感，推进后勤向更高更快方向发展。

设计理念：以"吃住"在同济为主题彰显同济后勤的整体形象，logo 像一张笑脸。上方屋顶体现"住宿"；下方碗体现"餐饮"；碗内面条为倒过来"全"字，呼应"三全育人"主题；屋顶上树枝和三只小鸟体现校园环境，且与同济大学 logo 呼应（三人划桨）。房屋上瓦片缺口造型代表了历史感十足的西南一楼，"后勤"文字上的一双筷子寓意"吃在同济"。

1907·同济大学
后勤"三全育人"主题 logo

三、打造"七大'浸润式'育人空间"

（一）夯实党建引领服务育人

通过盘活党建基地、建设党建活动室、党员寝室挂牌、成立学生社区党建中心等，推进党团工作进社区，以党建活动为依托，开展社会主义核心价值观、新生适应、心理健康、职业发展等主题教育。

（二）筑梦社区乐享学习空间

建好学业研讨室、自习室、阅读室等，以此为依托，推进学风建设进社区，开展读书活动、经验交流、朋辈讲堂等，引导学生养成良好学习习惯。

（三）激发活力新辟锻炼场地

建好健身房、瑜伽舞蹈室、桌球室、乒乓球室等，推进体育进社区，强化体育精神宣传，引导学生走出宿舍、积极锻炼，帮助学生养成良好运动习惯。

（四）打破壁垒搭建社交平台

建好放映室、咖啡吧、茶艺室、心语屋、美育室等功能房，通过空间环境的设计，引发同学们主动交往，打破单一的同班同学、同宿舍室友的交往模式，发展社交能力。

（五）自助生活营造温馨之家

建好自助厨房，让学生度过宅在学校不想出门的周末，也可以约上好友在校内享受一次自助"大餐"。专辟爱心屋，为身体不舒适或生活不方便的学生提供暖心贴心服务。

（六）创意工坊点亮社区之美

同济每一栋楼宇都有着不一样的灵魂，承载着不同的文化主题。如"以爱为舟，同心共济"为主题的西北二楼墙面，由同济logo、"我爱同济"的英文标识及社会主义核

彰武八号楼一楼大厅时光隧道

心价值观构成,楼梯间则是同学手绘同济大学标志性建筑,环绕着"爱国""爱校"氛围。彰武八号楼大厅则是以"老上海"作为楼宇的主风格,从石库门大厅到绿皮火车头,从雪花膏贴纸到挂满老照片的时光隧道,处处都展现出不一样的文化之美。

(七)释放空间构筑立体生态

如西北二楼"绿野仙踪"设计,绿色浇灌墙为整个空间带来清新自然的感觉。同学们可以将闲置物品放在置换格子里,有需要的同学自取,以此实现传统方式上的资源回收再利用,响应"绿色发展""低碳环保""生态文明建设"的绿色发展理念,引领学生拥有健康的绿色生活方式,提升生活质量。

【思考与展望】

近年来,同济后勤的服务育人文化和服务育人成效显著提升。未来,还需要继续强化优势、创新理念,擦亮同济后勤育人文化金字招牌。一是从"饮食育人"出发,通过丰富饮食文化实现以文化人目的,通过"济食育人"等特色品牌文化建设,弘扬中华优秀

传统饮食文化，促进中西方文化交流，推动中国文化走向世界。二是从"社区育人"出发，通过社区空间建设强化思想引领，通过打造"浸润式育人空间"，建成社区党建工作全覆盖网络，以学生党建带动社区管理服务，实现党建和思想政治工作双提升，学生党支部的战斗堡垒作用得到加强，学生党员和入党积极分子的自我管理、自我教育、自我服务、自我监督能力得到提高。三是从"环境育人"出发，通过营造优美校园环境提升育人功能，加强校园建筑及景点的科学规划，切实加大环境综合治理的力度，全方位绿化美化，为学生提供优美的学习生活环境，构建和谐校园环境，为学生营造自由惬意的交往空间，通过相关管理，协调人际关系，打造和谐的校园文化。四是从"劳动育人"出发，通过系列劳动课程实践养成学生勤劳朴实品质，通过开设烹饪、园艺盆栽、物品收纳等喜闻乐见的通识系列公开课程，全面提高学生的劳动素养，帮助学生掌握生存生活技能，树立正确的劳动观念，养成良好习惯，提高创业就业能力。

上海同济后勤产业发展有限公司：陶建兰、高梅、陈芳

同济国际人文"会客厅",你中意哪一个?

【核心阅读】

十一次党代会以来,同济大学持续深化教育国际交流合作内涵,不断优化国际合作顶层设计。国际合作与交流活动紧扣"新时代同济文化"核心,秉承"交流、融合、创新"理念,依托校内各国际合作平台学院,以"平台+"的"创新融合"文化精神营造国际化环境文化空间,打造同济国际文化交流新地标。各类国际文化交流空间充分发挥跨学科融合、产教融合和国际合作优势,通过开展特色活动促进中外师生交流,将国际化文化育人全面融入人才培养各个环节。

【做法与成效】

一、打造特色育人空间,融合文化与环境育人

中意学院联合学校学研工部、本科生院、外事办公室及相关专业学院,在运筹楼成立了同济大学首个"国际劳动教育实践基地",助力解决学生国际化视野不足、跨学科协作难等问题。两年来,基地开展以学科和专业为依托的数十场不同种类的工作坊、讲座、社团活动等劳育实践及一系列文化活动,形成了品牌效应。运筹楼屋顶花园,具备

芳 华 绽 放

了将环境育人、美育、劳动教育有机结合的自然属性,是国际劳动教育基地的主要实践地。师生共同设计建造了屋顶梦想花园,建立学生志愿者团队,并与其他育人空间联动,丰富了文化与环境育人融合的内涵。向日葵、郁金香、百合、酢浆草、生菜……师生们在种植活动中赋予植物本身以同济文化的意蕴。疫情期间,国际劳动教育基地也成为校内师生的"网红"打卡地,同学们亲手种植象征"向阳而生"的向日葵为教师们送去了祝福,为应届毕业生们带来了希望,为全校同心抗疫发挥了积极作用。

秉承中德"交流、融合、创新"的理念,中德学部近年来积极调动整合校内外资源,在中德大楼打造了中德联合创新实验室这一国际文化交流空间。中德联合创新实验室位于同济大学中德大楼三楼。中德学部与中德两国企业、专家和学生紧密联系,借助这一集讲座活动、开放讨论、户外空间于一体的实体平台,通过对创新思维、创新人才、创新辅导和创新合作的集聚,让学生充分施展创新才能,帮助企业解决发展中的实际需求。

中德联合创新实验室露台花园启用仪式

自 2018 年以来，中德学部在中德两国企业、高校等支持下，在中德联合创新实验室定期举办"中德联合创新大赛"等各类创新竞赛、创新工坊及其他创意活动，为校内师生与企业搭建协同创新平台。

2021 年，中德联合创新实验室进行了全面的智能化改造。中德工程学院教师与学生们结合建筑与智能化课程学习，将建筑智能化最前沿科技与研究成果应用到中德联合创新实验室的改造中。在一次次改造与调试中，学生们将实验室不同区域的空间进行了功能划分，并设置了个性化的场地使用模式，通过触摸屏控制场地的灯光、音响、投影幕布、电子屏幕等设备，满足使用者在视频会议、讨论、学习、活动等不同的使用需求。智能化改造不但成为同济大学及中德学部对外展示、接待外宾的绝佳平台，更成为了同济大学高质量科技人才培育基地，成为建筑智能前沿科技的宣传体验场地。同济大学国际文化交流学院、同济物业管理有限公司和党委学研工部于 2023 年 3 月共同规划建设

各国留学生在"留学生中医文化体验园"种下中草药

了全国首个"留学生中国生态文明体验区"的特色园区——"留学生中医文化体验园"。"留学生中医文化体验园"是留学生培养的创新方式，以劳动教育的方式，增强留学生们的主人翁意识和责任意识，促进留学生日常化参与到同济的校园学习生活中，加深对同济、对上海、对中国的了解和理解，从而融入同济、融入上海、热爱中国。留学生们在中草药培育师的指导下，一起种下25种中草药。国际文化交流学院将不同国家翻译的植物名称及名称提供者刻在植物铭牌上。中药文化中所代表的中国智慧，给留学生们上了一堂生动的中华文化课。

二、打造协同创新空间，促进学科交叉融合

同济—阿尔托设计工厂（中芬中心物理空间载体）是中芬高校首个创新型实验项目。该项目通过利用灵活多样的教学设施以及得天独厚的国际化氛围，将教学与真实生活中的广泛资源相连接，为构建可持续的创新创业生态系统创造条件，建立起跨文化、跨学科的协同创新空间。中芬中心成立以来，始终坚持在拓展创新教育模式上作出积极探索与尝试，利用设计和创新的理念，集合更好的管理和服务，综合考虑空间的改进和建设，打造适用且可持续的跨学科创新学习空间。2018年至今，中芬中心依托芬兰阿尔托大学及设计创意学院相关国际师资及课程资源，结合各项校企合作企业支持，积极主承办各类国际创新工作营，开展中外联合授课。"Studio3课程"连续多年在中芬中心开展。同济大学师生与阿尔托大学师生组建跨学科课题小组，开展学习实践。学生从本科阶段的竖向本专业学习，逐步过渡到横向跨专业学习；学生可通过课程真实浸入真实市场的真题考验，在校内外资深指导老师引导下，与中外国际教学环境接轨，在全球市场真实场景中实践以设计驱动创新；课程兼顾工业设计、交互设计、环境设计等方向，打造跨尺度设计原理，从产品到室内到交互到社区，深度注入品牌战略投资等商业思维，实现商业设计技术的融合。

位于中德学院大楼的德文图书馆拥有超过2.5万册的教学书籍与文学作品，为全亚洲最大的德文图书馆，是国际文化交流与展示的标志性空间载体。馆内装饰充满中国与

在中芬中心举办的 Studio3 课程授课现场

德国的元素，包含报告厅、研习室、影音室、阅览室等舒适的学习研讨空间。德文图书馆收藏德文纸质书刊 2 万余册，学科范围有哲学、教育、政治研究、历史、经济、工业、交通等。近年来不断增加德文电子资源，围绕一流学科建设，不断增加特色馆藏资源建设。中德学部及分支机构相继在此举办了一系列中外国际会议，邀请中外高端专家学者作"同济大师讲坛""中德学部论坛"等学术报告。构建活跃的学术空间，形成浓郁学术氛围，拓展多学科交流。

中法中心大楼内的中法国际文化交流空间特色鲜明，与学校面向法国及全球法语国家和地区开展合作交流的特色优势完美融合。中法国际文化交流空间体现"复合型"平台特色，面向校内所有单位以及全体师生开放。截至目前，团委、创业谷、创新创业学院、学生就业指导中心、学生龙狮运动协会、同济创新创业控股有限公司以及 20 多个专业学院均已利用该空间展开了形式多样的国际交流活动与国际合作项目，协同创新，

德文图书馆成立暨揭牌仪式

同济大学中法中心

学科交叉融合，实现了同济大学与法语世界合作的国际化平台学院的"小核心、大外围"功能。

三、打造国际交流品牌，助力中外文化对话

中意学院联合校内外资源，在四平校区和嘉定校区举办了"中意创新周""意大利校园嘉年华"等特色中意文化交流活动，融合文化表演、工作坊、游戏体验、观影交流等多种形式，涉及美食、时尚、家居、艺术、非遗等多个领域，丰富了校园文化。在运筹楼底层展览空间，学院举办了"意大利孟菲斯×同济在地设计展""意大利全球设计日""非遗文化进校园·丝路紫砂陶艺展"等活动，将享誉全球的意大利设计以及艺术带到校园，同时推进校园中华优秀传统文化教育，营造"双一流"大学文化育人氛围。

2021年11月举办的"中意创新周"活动

中法中心作为学校面向法国及全球法语国家和地区的文化窗口，也见证了中法两国人文交流的诸多重要活动，包括中法两国政府支持下举办的首届"中法高等教育论坛"、上海友城"法国罗纳·阿尔卑斯大区文化日"、"跨越百年——里昂中法大学历史图片展"、"大师讲坛"（法国工业部长、法国总统保护地球特使、世界法语大学联盟执行主席等）、"中法高等教育校长论坛"、"中法创新之夜"等。

中德学部与校友会及校内多个院系联合举办了精彩纷呈的德国周、中德人文交流周、德国音乐周、德国文化节、德国啤酒节、花园啤酒之夜等系列活动，通过举办音乐会、文化讲座、图片展来扩大中德人文交流，以游园会的形式让中外学生通过游戏、知识问答、品尝美食等方式全方位了解德国历史、语言、文化和风土人情。

各平台学院依托国际交流空间开展多种多样的文化活动，使校内国际文化交流空间融入国际化和中国传统文化元素，加强了中国学生和国际学生、不同学科背景学生

常务副校长吕培明参加国际文化交流活动

间的交流，提升学生的跨文化沟通能力、中国文化魅力感知力，也提升了中外学生的学习体验。

【思考与展望】

同济大学依托各平台学院和各类国际文化交流空间，充分发挥跨学科融合、产教融合和国际合作优势，将国际化文化育人全面融入人才培养各个环节。在新时代同济文化精神的引领下，学校将进一步发挥各国际化平台学院的优势，探索同济文化发展新模式。一是用好同济国际合作特色资源，挖掘同济文化的国际内涵。对内助力提升师生国际胜任力，对外提升中国文化和同济文化的传播能力。二是探索"平台+"的模式，聚合各学院优势联合实践创新文化形式，以国际化平台学院及各自的国际化氛围空间为载体，孵化多学科融合创新成果，建设更多具有同济特色的国际文化交流品牌空间。

外事办公室：李静、周晴、许文青；中意学院：徐冠男；

中法工程与管理学院：张波；中芬中心：吴元琦

芳华绽放

文化载体　五彩纷呈

芳 华 绽 放

　　同济大学注重运用和开拓丰富、立体、多样的文化载体，使同济文化可以看、可以听、可以讲、可以行。近年来，学校多部门协同组织能力极大提升，各类文化活动供给极大丰富，每年开展各类校级文化活动逾千次，讲座、论坛、展览、演出、比赛精彩纷呈，师生从"千方百计找活动"转变为"优中选优挑活动"。师生文化艺术体育社团活跃，为师生文化综合素质提升和身心健康培育搭建有效平台。文化载体与平台推陈出新、走向国际，原创校园话剧、歌剧受邀在全国演出，原创歌曲、舞蹈作品屡获全国大奖，原创纪录片屡获国际奖项；建设教育部首批中华优秀传统文化传承基地（京昆），在全国首演校园版昆剧《长生殿》，推进中华优秀传统文化在校园生根发芽。校本文化资源运用和影响有效延伸，深入挖掘校史，赓续红色血脉，传承同济精神；搭建校友终身学习平台，服务校友成才成长；学院学科文化品牌百花齐放，在国内外形成广泛影响。

同体之强，济国之盛
——"五维三环"以体育人的文化实践

【核心阅读】

习近平总书记多次强调"体育是提高人民健康水平的重要途径，是满足人民群众对美好生活向往、促进人的全面发展的重要手段"。同济大学高度重视体育教育，服务体育强国建设，近年来做好顶层设计，融合教学、组织、竞赛、科研、场馆等五大模块，打造体育文化"五维三环"育人体系。将"育体"与"育德"和"育智"统一起来，强化同济特色，培养学生顽强拼搏、奋斗有我的信念，激发学生提升全民族身体素质的责任感。通过体育课程思政的建设进一步坚定学生理想信念、厚植爱国主义情怀、加强品德修养、培养奋斗精神、提升人文科学素养和创新引领的素质。

【做法与成效】

一、结合学科特色，挖掘体育文化育人内涵

（一）课堂体育文化提高学生健康意识

依托优质教学团队，建设"体育课堂+N"联动育人模式。开设专项课程30多门；

课堂体育教学

建有足球、田径、游泳、羽毛球、健美操和手球 6 支高水平运动队，游泳、篮球、排球、乒乓球、羽毛球、龙舟、赛艇、舞龙、武术、啦啦操等 26 项单项体育阳光代表队（普通运动队）；校内学生体育协会 58 个，在体育专业老师指导下开展社团活动。以"运动健康监测与咨询基地"为平台，突出体育学与其他学科的交叉应用，组建跨专业项目团队，构建"同济体育创新创业综合实践基地"，突出体育学与其他学科的交叉应用，为在校师生投身体育产业，实现创新创业理想，搭建了理论与实践相结合的技能展示平台。同时，围绕课程与教材建设、人才培养模式改革、教学过程管理相关机制建设、教育信息化技术探索及应用、实践育人平台和相关机制建设五个方向逐步展开校级教学改革与研究，取得同济大学教学成果奖一等奖等多项荣誉、上海市重点课程 1 项、上海市学校体育科研项目 13 项、上海市教育科学项目 1 项。

（二）竞技文化发展强化校园体育氛围

同济体育健儿在全国及上海各类赛事上取得优异成绩。由高水平运动队、普通学生阳光代表队组成的同济代表队，多次在上海市学生运动会上获得高校组团体总分、金牌总数第一，获"校长杯""体育道德风尚奖""优秀赛区奖"及"学校体育先进单位"等荣誉。阳光体育代表队参加全国比赛共获得金牌 27 枚、银牌 35 枚、铜牌 45 枚；参加上海市比赛共获得金牌 163 枚、银牌 167 枚、铜牌 106 枚。其中，武术、定向越野、垒球、攀岩、水球等项目在全国处于领先水平。龙舟项目获上海市最佳体育社团，赛艇

各类赛事上的同济健儿风采

队在上海赛艇公开赛上蝉联2项冠军。武磊、李佳悦、赵丽娜、张馨、杨莉娜、韩悦、覃海洋等同济学子代表国家队在足球、羽毛球、游泳的国际比赛中取得佳绩。

（三）学科文化建设协同人才质量提升

体育学科的发展紧密围绕同济大学新时代的发展愿景，依托同济大学医学、工学、理学、管理学等优势学科资源，发掘自身条件，持续优化学科梯队建设，培养方向覆盖了体育人文社会学、运动人体科学、体育教育训练学、民族传统体育学四个研究方向。体育教学部与同济大学物理科学与工程学院、生命科学与技术学院、医学院等学院开展了交叉学科合作研究，与上海市体育科学研究所、上海市竞技体育训练管理中心、同济大学附属养志康复医院、同济大学附属第一人民康复医院等单位建立了全方位、宽领域及多层次的合作关系。

二、围绕"三全育人"，把稳体育文化发展方向

（一）立足身体教育，促进体育教育与体育文化融合发展

依托优质教学团队为学生提供丰富多彩的体育课程，推动"课程思政"改革，挖掘体育的"思政育人"元素，引领、激励学生提升综合素质。通过"运动营养调控"—"体育技能实践"—"运动技能评估"—"运动损伤处理"—"运动心理调适"结合的"五位一体"课程链，使学生掌握1～2项运动技能，提高身体素质的同时，学会怎么吃、怎么练、怎么评、怎么防、怎么调，养成良好的体育锻炼习惯，形成健康的生活方式。赛艇、龙舟、野外生存等已成为同济品牌体育课程，彰显同济百年精神品格，多次登上人民日报、中国青年报，进一步提升同济体育的辐射范围与影响力度。

（二）立足德育教育，借助体育赛事活动强化文化育人功能

学校通过建设同济明星体育社团，推动"课内外一体化"教学发展模式。依托优秀体育传统，打造同济体育赛事和品牌活动，包括"新生杯""嘉园杯""枫林杯""友谊杯"等校级赛事与院级赛事，其中院级体育赛事共48项，秋季36项，春季12项，让学生在活动中感受体育的魅力，享受乐趣、增强体质、健全人格、锤炼意志。发挥高水平运动队引领示范作用，创新校园体育形式，通过丰富多彩的院级、校级、市级、国

丰富多彩的体育社团活动和赛事活动

家级、国际级五级竞赛体系的体育活动和竞赛，在成都第 31 届大运会上，同济大学射箭协会会长杜美余同学获得射箭比赛男子复合弓团体赛金牌。体育赛事活动进一步增强了同济学子的凝聚力，营造了健康向上的校园体育文化氛围。

（三）立足美育教育，利用身体教育加强学生体育文化意识

体育的美感陶冶作用，主要体现在三个方面，即形体美、动作美和道德美，在此基础上提高学生的综合审美素养。形体美，即在体育教学的过程中，不断向学生渗透通过体育锻炼可以塑造个人完美身体的信号，进而使其内化于心，建立起体育锻炼与完美身体之间的联系，以此鼓励提高学生的积极性，确立体育美的初步印象；动作美，即在体育课堂上，教授学生对于体育动作美的理解和认识，树立他们正确的坐、行、动的姿势，培养他们对于美的动作的鉴赏能力；道德美，它所要传递给学生的是一种信念——不屈

芳 华 绽 放

体育美育结合

不挠，学会享受比赛、尊重对手。通过开设有氧健身操、瑜伽、啦啦操等展示类课程，并参与校运动会、体育节和其他大型文体活动体育表演，让学生充分将身体锻炼与音乐、艺术和美学欣赏完美结合，享受体育之美。

三、立足同济特色，强化体育文化的精神传承

（一）创新内容形式，践行新时代同济文化

深入挖掘体育活动资源，创新内容形式，打造品牌活动，丰富同济学子的课余文化生活。有融合体育表演、体育明星课程体验、体育电影赏析和体育嘉年华等多种元素的"体育之夜"，有通过妙趣横生的知识竞答和趣味体育运动感受体育魅力的"燃情五月运动

深受大学生欢迎的"体育之夜"活动

健康知识竞赛",有"育体铸魂 强国有我"体育达人挑战赛,在享受运动快乐的同时,积极践行"同济天下,崇尚科学,创新引领,追求卓越"的新时代同济文化。

(二)聚焦同济精神,增强校园体育文化传播力

积极挖掘校园体育文化资源,同济体育的发展历程以文字和照片的形式呈现在综合体育馆大厅的墙面上;打造"育·见"系列明星社团,推介学生体育社团,推广群众性体育运动;组织学生拍摄校内体育场馆、高水平运动队等,制作"育·象派"壁纸;组建团队采访同济体育冠军教师,完成"冠军说"推送;收集同济学子的体育故事,打造"我和我的同济体育"系列,以文化人,传递青春正能量。同济大学校徽是"三人划龙舟,昭示三人成众,同舟共济,向着一流目标奋力拼搏",体育教学部联合学研工部、校团委共同打造"四平龙""嘉定舟"的同济龙舟项目建设,彰显百年同济精神品格,赋能新时代中华优秀传统文化传播。此外,开展单项体育协会会徽设计、学院和体育社团协会的群体活动成果展示等活动,营造了积极向上、健康活泼的校园体育文化氛围。

通过特色体育活动增强校园体育传播力

【思考与展望】

未来,学校将进一步推进新时代校园体育文化建设,提升以体育人的作用。一是强化顶层设计,明确同济体育文化的价值定位。在新的体教融合时代,对同济体育文化的育人价值和功能进行重新定位,进一步深入挖掘与延伸同济体育文化内涵,以实现对同济体育文化的整体建设。二是丰富文化传播载体,优化同济体育文化的呈现方式。结合大学生身心发展规律以及优势学科资源,通过赋予校园体育场馆美化创意,完善校园体育网络平台建设,举行体育文化图片、体育冠军故事等专题巡展,培育更多校园体育品牌赛事,丰富体育文化传播载体,深化体育新媒体矩阵建设,提升校园体育文化传播能力。三是搭建资源共享平台,整合同济体育文化的优秀素材。开发、利用和整合我校丰富的传统体育项目资源,深度挖掘其中包含的丰富文化内容,构建同济体育文化的共享平台,带动广大师生积极参与,形成传播和践行合力。

体育教学部:牛英辉

芳 华 绽 放

文化建设作引擎，校园文化谱新篇

【核心阅读】

学校十一次党代会以来，同济大学向全面建成"中国特色世界一流大学"的目标追求稳步迈进，大学文化软实力对标世界一流大学建设目标高质量提升的内在需求不断增加。学校聚焦立德树人根本任务，心怀"国之大者"，坚持"五育并举"，将校园文化建设与文化育人相统一，瞄准德智体美劳全面发展的育人目标，"多线程"共同发力，全面繁荣校园文化，打造全方位、多角度、广覆盖的育人载体，使文化建设成果"供有所需""给有所用"，营造出校园文化建设新气象。

【做法与成效】

一、心怀"国之大者"，彰显文化育人同济新气象

擎旗帜、抓机遇，同济大学积极拓展文化育人平台，成效显著，彰显新气象。同济大学以担任上海学生合唱联盟高校轮席盟主单位为契机，打造文艺思政高地，举办"我把歌声献给党"合唱联盟庆祝建党百年线上展播活动；牵头教卫系统各单位举办"党的光辉照我心"主题演出；牵头组织联盟高校单位开展暑期社会实践活动并拍摄歌曲《万

2021年全国大艺展开幕式《终将见我微笑》舞蹈演出

疆》MV；牵头组织上海市学生新年音乐会与学生合唱联盟专场音乐会；承办首届2022年上海市学生合唱节，近千支队伍参与选拔，征集到上海市大中小学共297个优秀作品。以承办长三角高校诗词大会活动为锚点，打造文化育人高地，吸引来自长三角地区三省一市101所高校的11040名学生参赛，展演活动在上海教育电视台播出。以参加全国大艺展为平台，打造文艺育人高地，在全国大艺展开幕式演出中的我校2个艺术表演、1个工作坊及2项案例获得全国大艺展一等奖，总成绩位居上海市第一名、处于全国前列。

二、坚持"五育并举"，开启文化育人同济新格局

举五育、善布局，同济大学丰富文化育人举措，深入人心，开启新格局。同济大学在学术分享、文艺演出、体育活动等文化建设工作中，以引领青年思想、培养时代新人的工作主线，在文化建设中把红色教育作为特色载体，成效显著。注重引领学风建设，邀请院士专家开展"走近院士，倾听大师的声音""新中国建设和改革开放中的同济力量"

等主题讲座，涵养科学精神，联动校院开展"青春会客厅""同舟讲堂""嘉课行""博士生午餐沙龙""嘉园讲坛""博思论坛"等系列活动共计200余场，线上线下覆盖8万余人次。引导学生强健体魄，使"走下网络，走出宿舍，走向操场"成为风尚，打造学生喜闻乐见的特色体育品牌项目，每年举办近200场"同搏杯""嘉翼杯""篮协杯""枫林杯"等体育赛事，并开展"同跑济天下"等趣味运动会和龙舟比赛、赛艇等特色活动，深受广大同学喜爱。注重涵养高尚情怀，通过十大歌手大赛、举办"嘉定之星"歌手大赛、同期声音乐会、艺术家精品大师课、学生艺术团专场音乐会等活动，使真善美浸润心灵。崇尚劳动创造，开展模拟求职大赛、"济人风采"青年榜样人物系列专访，营造浓郁的追求卓越氛围，助力培养社会栋梁。

2021年同济大学第36届"圣戈班杯"校园十大歌手大赛决赛

三、秉承匠心独具,打造文化育人同济新引擎

持匠心、凝精品,同济大学创新文化育人实践,凝心聚力打造新引擎更高水准,创造育人媒介。精耕细作育人成果,通过科学规划、妥善布局、协同发力。原创舞蹈《终将见我微笑》参加全国大艺展开幕式演出并在上海市群文新人新作展评展演活动中获得"群文新作奖",原创合唱作品《为她梳妆》获得"优秀群文新作奖"。引进高雅艺术进校园,组织举办"共济百年新声"系列艺术家精品大师课;推出庆祝建党百年晚会、师生大合唱等文化艺术活动和作品弘扬家国情怀、凝聚奋进力量,广受好评。注重榜样的力量,邀请武大靖、钟天使等嘉宾带来经历分享盛宴,强化对青年的思想引领。切入青年兴趣爱好,开展"百团大战""说唱新济元"等学生社团活动 50 余场,开展线上健身、"红色'迹·忆'时光机"、研究生歌手大赛等线上活动丰富校园生活"济忆"。抓住重要节点,在"毕业季"举办"济"风毕业音乐会为青年学子送上祝福。贴近青年所需所用内涵,做"青年之友",线上举办 2022 年校庆"弦歌不辍 济向未来"青春云

"弦歌不辍 济向未来"同济大学建校 115 周年青春云歌会

歌会、"致疫情中的守护者"音乐会、"嘉星云歌房"等系列线上音乐活动，全网点赞超过六十万，在疫情常态化背景下守护广大青年身心健康。

【思考与展望】

同济大学将始终坚持党的领导，牢牢把握立德树人根本任务，将校园文化建设和文化育人的工作进一步有机融入学校改革发展战略。一是牢牢坚持"文化化成"，加强对同济文化精神内涵理解。以文化传播促进思想引领、学风塑造、科研能力培养，引领青年全面发展，以高质量的文化工作水平落实坚持为党育人、为国育才的职责。二是全面贯彻"五育并举"的主责使命。瞄准德智体美劳全面发展的育人目标，"多线程"共同发力，全面繁荣校园文化，在培育和支持高质量文化育人实践上发挥作用，在校园文化建设和文化育人工作战场中打造全方位、多角度、广覆盖的育人载体。三是持续突出"如盐入味"式的需求导向。从青年学生"知心人""热心人""引路人"的角度出发，清晰理解青年喜闻乐见与急难愁盼，使文化建设成果"供有所需""给有所用"，符合青年"胃口"，擦亮受众广、思想正、内涵深的校园文化建设与文化育人"金字招牌"。

团委：郑彧豪

艺术点亮生命，美育丰盈人生

【核心阅读】

全面加强和改进新时代高校美育工作是全面贯彻党的教育方针、培养德智体美劳全面发展的社会主义建设者和接班人的必要举措，也是新时代同济文化建设的重要任务之一。艺术与传媒学院发挥学科专业优势，通过精品艺术通识课"星期音乐会"、同济文化名片"新年音乐会""上海之春国际音乐节同济大学艺术教学成果展示周"等一系列高品质艺术活动拓宽校园文化载体，丰富校园文化建设，使美育教育浸润校园，用艺术点亮生命，用美育丰盈人生。

【做法与成效】

一、建立"四位一体"的艺术教育常态化合作机制

近年来，举办高品质的艺术活动在同济大学校园里已成为常态。其中，艺术与传媒学院发挥学科专业优势，每年春季举办"上海之春国际音乐节同济大学艺术成果展示周"，夏季举办"音乐表演毕业季系列音乐会"，秋季开设"红色艺术教育周"，冬季举办"同济大学新年音乐会"。此外，还举行了建党百年特色系列活动等专题演出。每年平均主

高品质音乐活动

办、承办校内外大型演出活动 40 余场，累计观演超 30 万人次。

要保证如此高频率的高品质艺术活动开展，就必须拥有一套高效的运转机制。在不断的实践与摸索中，学校党委宣传部、艺术中心与艺术与传媒学院建立起一套"专业教学、实践活动、校园文化、艺术展演"相融合的"四位一体"艺术教育常态化合作机制，在跨部门、跨学科、跨专业的协同合作下保证了同济校园内高水平、高质量、高频次的艺术活动开展。

二、建立舞台实践与课堂教学联动机制，以专业教育引领校园文化

音乐表演是以实践教学为主的专业。每个学生的学习与成长都离不开聚光灯下的摸爬滚打，都必须通过舞台的检验和观众的审阅。因此，将专业课堂与舞台实践、校园文

化、社会文化相结合,建立拓展舞台实践与课堂教学的联动机制,提供丰富立体的艺术实践平台对于专业教育来说尤为重要。为此,该专业成立近20年来,学校不仅为其配备了一流的师资和硬件设施,还为学生搭建了包括上海之春国际音乐节、星期音乐会、新年音乐会、学生合唱团、学生交响乐团和大型歌剧舞台剧在内的多元化的艺术实践平台,促进专业学科发展。

同时,音乐表演专业是综合性大学推进校园文化建设的中坚力量。同济大学始终积极运用该专业优秀艺术教育成果和专业优势反哺校园文化建设。以艺术类通识课程"星期音乐会"为例,该课程由秦川和李巍两位教授领衔、音乐表演专业青年教师轮流担当主讲,专业学生现场演绎优秀音乐作品。这种翻转课堂的形式,成功探索和实践出线下实践与线上学习互促互进的"教—演—学—研"教学模式,不仅激发了非艺术专业学生对音乐学习的兴趣,还促使专业学生在线上反复翻看研究自己的音乐会录像,寻找自身在舞台上的问题,进一步提升专业水平。自开课以来,选课人数一直稳居同济大学艺术类通识选修课榜首。据统计,该课程仅在2018—2021年间就有4620名学生选课,2021—2022学年更是达到1902人。该课程每年举办60余场讲座音乐会,不仅为专业学生提供了广阔的艺术实践平台,还扩大了高雅音乐在校园的共鸣,提升了各专业学生的音乐素养,丰富了校园文化生活。

艺术专业秉持"开门办教育、开门办演出"的传统,对接大学文化涵养与服务社会发展需求,拓宽育人影响和辐射圈层。2019年,举办上海之春国际音乐节同济大学艺术成果展示周,在短短两周的时间内,音乐表演专业师生就向校内师生及广大上海市民,公开展演了7场音乐会和7场讲座音乐会,内容覆盖传统文化、民族音乐、西方经典,观演多达6000余人次。在2020年疫情期间线上举办的上海之春校园行活动中,艺术与传媒学院所主办的8场艺术讲座和音乐会更是吸引了上万名观众的线上参与,以"音"抗疫,共克时艰,受到社会各界的广泛好评,在普及高雅艺术文化的同时,也让社会各界了解同济的"艺术文化"软实力,擦亮了同济大学的文化名片。

依托音乐表演专业举办的"丰碑"国庆主题音乐会

三、探索艺术与思政携手，推进课程思政建设

美育的目的是陶冶活泼敏锐的性灵，养成高尚纯洁的人格，新时代的美育教育应当是以美育人、以美立德、以美启智。高校的艺术教育是实施美育的途径和载体，同样也是实施思政教育和立德树人的重要途径和载体。音乐表演专业通过主题音乐会、音乐党课、红色剧目、思政课程等多元化的形式，创新思政教育手段，使学生在参演、欣赏丰富多彩的艺术活动中自觉接受思想的洗礼。

2016年至今，在校党委宣传部、学研工部、校团委、艺术中心的支持下，音乐表演专业先后公演了校园版民族歌剧《江姐》，创作实验歌剧《志丹，志丹》，举办了"立德树人 润物有声——朱逢博演唱艺术论坛及音乐会""'我和我的祖国'庆祝新中国成立70周年主题音乐会""'浦江启航·井冈燎原'红色主题音乐会""'不忘初心 牢记使命，与祖国同行 以科教济世'庆祝新中国成立70周年主题党课""家国颂主题音乐会""理想之光 真理之路——'丰碑'国庆主题音乐会"等一系列美育教育与思政教育相融合的高水平艺术活动。

组织排演红色主题音乐会、红色歌剧和艺术党课也反哺了我校音乐表演专业的课程思政建设和学科建设。2016年起代表学校先后获评教育部第三届"礼敬中华优秀传统文化"示范项目（同济大学创新手段传唱传播传承"红岩精神"）；获批上海市高校课程思政整体改革领航团队/声乐表演教学团队；"独唱""合唱""重唱""星期音乐会""声乐艺术指导"5门课程获批上海市领航课程；获评上海市教学成果二等奖1项，同济大学教学成果特等奖1项、教学成果一等奖2项，获批开展多项校级课程思政项目。

【思考与展望】

党的二十大报告指出要"实施科教兴国战略，强化现代化建设人才支撑"，而美育是塑造人格、指向灵魂的教育，具有重要的引领作用。同济大学通过美育将同济学子与国家前途命运紧密相连，达成个人信念与民族命运的共融。未来，学校将继续强化"专业教学、实践活动、校园文化，艺术展演"的四位一体常态化机制，通过高水平高品质的艺术活动，将美育教育与思政教育、专业教育、通识教育深度融合；继续深化舞台实践与课堂教学的联动，促进专业学科发展，将艺术融入思政教育，用春风化雨的育人方式落实立德树人的根本任务；继续依托艺术专业特长，延伸发挥表演艺术实践的服务属性和连通功能，以专业建设盘活文化建设大局，引领校园文化和对外辐射，助力"同济文化"品牌广为人知、深入人心。

艺术与传媒学院：李巍、王伊达、卡德利亚·库尔班

芳 华 绽 放

加强艺术社团及团体建设，弘扬中华美育精神

【核心阅读】

学校十一次党代会以来，同济大学落实立德树人根本任务，坚持"五育并举"，高度重视美育工作，将青年"欣赏美、选择美、创造美"的能力培养贯穿人才培养全过程。为进一步推动美育走近青年，浸润人心，同济大学持续着力建设"德才兼备"的学生艺术社团和艺术团体，通过加强思想建设、完善培养机制、建强教师队伍、设置科学排演方案等途径切实打造了一批优秀的学生艺术社团，吸引了一大批综合素质优秀的青年学子参加，以美育人、以美化人、以美培元，引导广大青年学子涵养高尚道德情操。

【做法与成效】

一、聚焦全方位育人，创新美育和思想政治协同机制

（一）发挥团组织凝聚力，思想与艺术全面提升

建立学生社团团工委和学生艺术总团团工委，由专职团干部担任团工委负责人，实现学生社团和艺术团团支部管理全覆盖；在每个学生社团中设置社团团工委辅导员，与指导教师共同开展社团建设与思想引领工作。组织开展理论学习、红色艺术作品学习研

龙狮协会和万有引力动漫协会在演出中呈现"校徽"图案

讨、红色理论宣讲等活动，使大学生在思想和艺术上得到全面提升，形成凝聚学生团员骨干辐射艺术社团和艺术团体全体学生的思想政治教育格局。

（二）排演主旋律艺术作品，自觉向榜样看齐

近年来，学校依托艺术社团和艺术团体排演校园文化艺术原创歌曲、舞蹈、话剧等艺术作品 30 余个。通过再现先进典型的光荣事迹、探析艺术作品原型生活、讲好中国故事和红色故事等方式使学生自觉向榜样看齐。用高质量、高水平的艺术活动、艺术作品丰富校园文化，以主旋律、正能量的美育活动浸润人心，引导广大青年学子坚定文化自信，厚植爱国情怀。

（三）广泛开展社会实践，增强责任感使命感

为进一步提升学生思想素质，切身体验感悟与体察社会，提升艺术感受力，艺术社

学生艺术团赴中国商飞参观国产大飞机建设并开展校企合作文艺演出

团和艺术团体每年组织开展十余场社会实践活动，包括艺术助学、参观红色教育基地，以及送演出进军营、社区、福利院和重点国企。系列实践活动切实增强青年学子责任感和使命感。

二、制定阶梯培养方案，完善社团成员选拔培养机制

（一）"广培"，扩大学生培养覆盖面

探索完善艺术社团和艺术团体选拔制度。以加强学生声乐培养实践为例，探索分层次选拔机制，将基本功较扎实、声乐技巧较好的学生纳入合唱一团培养，将声乐基础较弱但声音条件较好的学生纳入合唱二团培养，将对各类型声乐表演艺术兴趣浓厚的学生分别纳入星空演艺团、VOKA 清唱学生社团、原创音乐人协会、Beatbox 学生社团等各艺术类学生社团培养，充分扩大学生培养覆盖面。截至 2023 年，36 个校级学生艺术社团，

辟雍汉服社、点墨轩书法社在长三角高校诗词大会上演出

6个校级艺术团体已经吸纳成员 5000 余人,每年累计开展艺术活动约 1200 场。

(二)"精育",推进学生教育精细化

根据学生不同特点开展有针对性的精细化教育。如学生合唱一团侧重精品艺术打造及在校外演出和比赛中展现学校美育成果,合唱二团侧重在校内各项美育展演中丰富校园文化、提升学校整体美育氛围,合唱相关的各学生社团侧重在扩大艺术覆盖面、培植美育种子,通过精细化培养提升学生整体艺术素养与艺术技巧,切实提升学生艺术水平。

(三)"严管",开展学生评价体系建设

评价体系建设对学生美育实践具有重要导向作用。学生艺术团每学期期末开展高水平艺术团成员评价,以排练、演出、比赛、实践活动等多个维度综合评价在校高水平艺术团团员表现。学生社团通过开展"星级评定"对社团运行成效进行检视评估,根据不

京剧学生社团在艺术节开幕式上表演《梨花颂》

同星级有针对性地开展社团指导工作。每年重点建设一批"三全育人"明星社团丰富校园文化活动开展。

（四）"优出"，实现学生艺术素养提升

艺术社团和艺术团体作为学校美育工作的重要支撑，通过梯度化培养，实现学生美育能力和素质的提升，培育全校学生的审美情趣和文化修养，促进学生全面发展。近年来，艺术社团和艺术团体每年在国家级、省部级比赛和展演中获奖 10 余项。在全国第六届大学生艺术展演上，我校在展演中取得历史性突破，获得优秀组织奖及 5 项全国一等奖，总成绩位居上海市第一名、处于全国前列。

同济大学学生民乐团获得全国第六届大学生艺术展演活动一等奖

三、整合校内外资源，构建教师队伍补充优化机制

（一）配强校内社团指导教师

校内艺术专业教师作为学校美育工作的专业核心力量，是艺术社团和艺术团体建设发展的重要保障。目前我校共有 40 余位教师作为艺术社团和艺术团体指导教师，实现学生社团指导教师全覆盖。除持续做好指导教师的年聘、培训和考核等常态化工作，学校还鼓励指导教师以大型艺术活动指导、原创艺术作品创编等方式更深入地参与校园艺术实践，促进专业水平提升的同时，充分发挥指导教师在高雅艺术作品打造和普及性艺术教育氛围营造方面的骨干作用。

（二）开展校外兼职教师聘任

针对学校开设艺术类专业与学科有限，无法为全部艺术社团和艺术团体提供专业支撑的现状，学校充分利用校外资源，在上海音乐学院、上海民族乐团、上海广播电视台等高校、艺术院团及相关企业机构合作聘用近 20 位校外兼职教师为学生指导授课，有力强化艺术社团和艺术团体专业培养。如著名竹笛演奏家戴金生教授，自 1998 年至今连续 25 年担任金音笛艺社校外指导教师，累计为我校培养了竹笛爱好者近万人。

（三）发挥朋辈引领作用

广泛发掘学生艺术特长，发挥社团骨干的传、帮、带作用。安排艺术专业学生及有相关艺术门类基本功的学生承担艺术社团和艺术团体助教，参与普及性艺术教育工作，从 2004 年起开展"合格社团负责人资格认定"项目，培养"德才兼备"的社团骨干；开展原创文艺作品征集等活动，将在校学生纳入原创艺术作品创编团队。

四、适应学生培养需求，建立的科学排演激励机制

（一）打造艺术展演品牌项目

依托艺术节、红色艺术教育季、济风音乐节、传统文化节等校园艺术品牌活动，引导开展有利于学生综合素养提升的社团活动，打造"4321"艺术社团高质量育人活动集群。近年来，艺术社团和艺术团体每年参与大型省部级及校级大型艺术活动 4 场以上，主办或参演专场演出等校内艺术活动约 30 场，培养校园艺术骨干 200 人以上，开展社团日常活动 1000 次以上，持续发出同济声音，繁荣校园文化。

（二）深化一二课堂联动机制

基于新时代美育工作与人才培养要求，针对学生的专业技术提升需求及艺术社团和艺术团体发展建设需要，开展科学的排演计划，有针对性地排演。依托艺术社团和艺术团体建设 10 门美育实践课程，将第二课堂与第一课堂紧密融合，充分调动学生积极性，

金音笛艺社演奏原创作品《草原轻骑》

保证艺术社团和艺术团体成员相对稳定与艺术专业能力稳步提升。

【思考与展望】

　　学生艺术社团及艺术团体将始终牢牢把握立德树人根本任务，以团队为载体开创学校公共美育新局面。一是在美育展演中取得新突破，持续培养一批高素质的学生艺术人才，创作一批展现新时代我校青年风貌的原创艺术作品，力争在各级各类美育展演活动中取得新突破。二是在美育普及中打造新格局，以艺术社团和艺术团体为工作力量，进一步提升师生美育素养、丰富各校区校园文化氛围。三是在美育推广中展现新气象，持续促进高校艺术社团和艺术团体交流，在各级各类平台展示我校公共艺术教育成果，弘扬新时代同济文化。

团委艺术中心：周芷如、徐岩松

芳 华 绽 放

满足教职工多元需求，助力校园文化建设

【核心阅读】

同济大学十一次党代会以来，学校坚持以习近平新时代中国特色社会主义思想为指引，积极推进校园文化和精神文明建设，规范和完善教职工社团管理，丰富和活跃教职工业余生活，提高教职工文化素养和身心健康，凝心聚力，建功新时代，为助力学校高质量发展发挥积极作用。目前全校共有教职工社团24个，吸纳成员3000余人，每年累计开展各类文体活动百余场，在丰富教职工业余生活、推进校园文化建设、营造和谐校园氛围等方面积极作为，贡献力量。

【做法与成效】

一、完善制度建设，规范教职工社团管理

为规范和完善教职工社团管理，推进学校精神文明建设，进一步繁荣校园文化，促进教职工社团发展，丰富和活跃教职工业余文化生活，引导和规范教职工社团组织，学校工会广泛听取教职工意见，突出以教职工需求为目标，秉承"自愿参加、自愿组织、自我管理"的原则，反复斟酌、不断完善《同济大学教职工社团管理办法》。

教职工社团年度总结会

同济大学教职工社团在学校工会指导下，坚持以习近平新时代中国特色社会主义思想为指引，坚持思想性、知识性、艺术性、多样性相统一的原则，积极开展方向正确、健康向上、格调高雅、形式多样的社团活动。各教职工社团在每年年底前提交年度总结，学校工会根据教职工社团年度活动情况进行评优及表彰，搭建教职工社团交流分享的平台，邀请优秀教职工社团代表发言，促进教职工社团良性竞争。

近年来，为解决教职工社团退休人员较多、青年教师参与度不高、社团日常活动开展覆盖面不广等问题，学校工会积极鼓励和支持教职工社团纳新，不定期通过学校工会网站、微信公众号等媒介发布社团招新公告，并面向零基础但有兴趣的教职工组织开办相关培训班，扩大社团在教职工中的影响力，遴选、扶持和培育有潜力的教职工，吸收成为教职工社团的骨干力量，有效充实了教职工社团队伍，缓解了社团新老成员青黄不接的问题。

学校也一贯重视丰富和活跃离退休教职工的精神文化生活，坚持正确导向，广泛开展老年文体活动；建章立制，加强老年文体队伍建设；以点带面，创建老年文体活动品牌；整合资源，优化老年文体活动环境。五年间，不仅扩充了文体团队数量，拓展了线上线下活动渠道，而且还打造出多支较高水平的老年文化队伍。

二、助力文化建设，发挥教职工社团引领作用

（一）活跃教职工文化生活，发挥思想引领作用

学校各教职工社团始终坚持弘扬主旋律、传播正能量，围绕丰富教职工业余生活，以及重要活动、重大事件、重大节日开展具有思想引领作用、积极向上，有益于教职工身心健康的活动。

同济大学工会积极鼓励教职工社团组织或承办全校性活动，每年举办羽毛球、篮球、足球、乒乓球、网球、象棋、健步走等群众性体育活动，书画展、摄影展、手工编织、

教职工子女钢琴比赛

2019年《江山如此多娇》同济大学师生书画展

民乐汇演、戏曲汇演等文艺活动,年均4000余人次参与,受到广大教职工普遍认可。同时,在2019年和2021年分别以"庆祝新中国成立70周年""献礼建党百年 绽放真理光芒"为主题,依托教职工社团组织开展合唱、戏曲、书画展、摄影展等一系列文化活动,弘扬优秀传统文化,产生良好的社会反响。

这些活动为我校教职工提供了一个认识自我、展示自我、超越自我的平台,提升了他们的获得感、归属感和集体荣誉感,充分发挥了教职工社团的桥梁纽带和团结引领作用。

(二)积极参加各级比赛,彰显同济教职工风采

学校工会大力支持和鼓励各教职工社团参加由高校、区级、市级、全国组织的各项

同济大学足球代表队荣获上海市第九届教工运动会足球冠军

比赛，并对获奖的团体及个人进行表彰奖励。

2021—2023年，各体育类教职工社团组织的精兵强将，代表学校组队报名参加上海市第九届教工运动会，秉承"健康 奋进 团结 超越"宗旨，实现了在体育运动中解压力、强筋骨、长知识、增友谊、强意志的初衷，展示了同济教职工同舟共济、奋勇拼搏、追求卓越的风采。我校教工最终获金牌19枚、银牌5枚、铜牌4枚，在本届教工运动会上取得了高校A组团体总分第二名的好成绩。此外，同济大学荣获优秀组织奖，我校教师黄宜雯、刘红、王欢荣等获"体育达人"奖。

除此之外，我校教职工社团在各级各类比赛中可谓是硕果累累。教师合唱团在上海市教育工会主办的"百年树人跟党走，砥砺前行铸师魂"上海教工庆祝中国共产党成立100周年合唱比赛中获一等奖；教工中国象棋社团获2021年上海市教工象棋团体赛冠军、2019年全国高校教职工象棋比赛团体第三名；教工民乐团获得中国首届"琴歌诗词"艺术展一等奖；教工桥牌社团获得2019年上海长三角地区"石泉杯"团体赛冠军。这些奖项和荣誉，彰显了同济人同舟共济，砥砺前行，追求卓越的精神风貌，扩大了我校教职工社团的在教师间的知名度和影响力，为凝心聚力、团结引领发挥正向作用。

我校教师合唱团赛后合影留念

三、坚持以人为本，拓展教职工社团内涵与外延

（一）全力满足教职工需求

教职工社团在学校工会的指导下，结合各社团特色，以服务教职工需求为中心，创新改进社团纳新机制，通过开展启蒙培训班，吸引兴趣浓厚但"零基础"的教职工，既增加了社团活动的覆盖面，又促进了教职工社团招新工作，目前已有书画、羽毛球、网球、民乐（竹笛和古琴等）、舞蹈等多个教职工社团开展相关启蒙培训，受到教职工广泛关注，报名参与五百余人次。

自2019年起连续5年为学校教职工子女开设各类"同二代"启蒙培训班，已举办合唱、书法、象棋、羽毛球、篮球、足球、乒乓球等多个班次，报名学员千余人。学校工会考虑到高校与中小学暑期时间差问题，将"同二代"培训班主要集中安排在暑期，为教职工解决暑期"带娃"的后顾之忧，2021年已纳入学校"我为师生办实事"项目之一，得到青年教职工的充分认可。

"同二代"暑期篮球培训班

（二）创新活动开展方式方法

学校工会鼓励各教职工社团在活动形式上不断丰富和拓展。例如象棋协会依托网络平台，组织师生象棋赛，利用成熟的"互联网"技术和规则，摆脱了场地限制，提高了比赛效率，使活动惠及更多教职工。又例如教师"俏手艺"协会以建党百年为主题，举办手作作品展，作品分为布艺、编织、刺绣和新锐四大类，均为社团成员手工制作而成，抒发了同济女教师的爱党爱国之心。

【思考与展望】

春风化雨，润物无声，教职工社团作为群众性文体活动的重要载体，必须坚持以广大教职工为中心，积极探索教职工社团发展的着力点和关键点，不断拓展教职工社团的内涵与外延，从而激发教师活力、释放教师压力，营造良好氛围、繁荣校园文化。近年来，学校工会不断加大对教职工社团支持力度，创新活动开展方式方法，不断提高教职工的政治素养、思想素养和人文素养，已打造和形成了具有同济特色的教职工社团品牌。在未来的工作中，学校工会要依靠信息化手段，加大对教职工社团的宣传力度，向校内外展示新时代同济人昂扬向上的精神风貌，带动更多的教职工参与到社团活动中来，以教职工社团的蓬勃发展为契机，"以文化人、以体育人、以艺铸魂"，满足教职工多元需求，助力学校文化建设。

工会：宋建华、徐文文；离退休办：倪佩琼

芳 华 绽 放

歌声叙史文艺育德，赓续传统开拓创新

【核心阅读】

习近平总书记在文艺座谈会上提到"文艺是时代的号角，最能代表一个时代的风貌，最能引领一个时代的风气"。同济大学以红色革命题材歌剧创作与排练为核心，打造思政育人体系，推进党史学习教育，传承弘扬革命精神。用民族歌剧讲好中国故事，用艺术形式激发爱国之情。用歌声叙史，以文艺育德，赓续传统、开拓创新，培养祖国未来的文艺工作者和艺术教育接班人。

【做法与成效】

一、打造"艺传出品，同济精品"项目，树立文化育人品牌

自 2016 年以来，同济大学先后推出了校园版的红色经典歌剧《江姐》以及原创民族实验歌剧《志丹，志丹》两部大型舞台作品。其中，校园版歌剧《江姐》于 2016—2020 年间连续在校内外展演 5 年，共 18 场。以同济大学艺术与传媒学院音乐表演专业学生为主体，吸引来自学校其他院系、社团的学生共 900 余人参演，观演 3 万余人次。该剧赴教育部展演，足迹覆盖北京、四川、江西、上海等地，并登上了中国教育电视台

同济大学校园版的红色经典歌剧《江姐》

原创民族实验歌剧《志丹，志丹》

《一堂好戏》节目，获评"全国高校礼敬中华优秀传统文化"示范项目。2021年4月，由同济大学艺术与传媒学院音乐表演专业师生为主体组建创作团队，经过采风、创作、排演和三年的反复修改打磨而成的原创民族实验歌剧《志丹，志丹》，作为同济大学党史学习教育的特色活动和建党百年的献礼剧目，在上海之春国际音乐节的舞台上首次以全景版歌剧形式公演，引发社会和业界强烈反响，人民日报、澎湃网等多家媒体都对该剧都进行了报道。该剧还入选了上海市思政教育教学改革重点示范课程项目。

这是同济大学在推进党史学习教育的过程中，结合音乐表演专业学科特色资源，利用歌剧独特的富有感染力和时效性的手段，树立文化育人品牌的缩影。在打造"同济精品"的同时，感染了同济大学师生校友、社会公众，有力提升党史学习教育成效。

二、构建以红色歌剧为核心的声乐专业课程思政教学链，强化课内外育人功能

歌剧是集音乐、戏剧、文学、表演、形体、舞美等于一体的综合性艺术形式，是高校声乐专业教学与实践中极其重要的一部分。中国歌剧的创作是与时代紧密相连的，其题材是与人民生活、社会环境和政治活动密切相关的，不少作品都具有鲜明的"红色基因"。因此，在"三全育人"的背景下，我校音乐表演专业充分结合学科特点和专业情况，在教学中构建以"红色歌剧"为核心的声乐专业课程思政教学链，以新时代党的高校艺术人才培养为最终目标，将独唱、重唱、表演、形体、合唱、声乐艺术指导等多门专业核心课程串联成教学链，建构了完整的声乐人才培养体系，建立了"教美—演善—学艺—研德"为一体的教学模式和"个人辅导、小组合作、集中排练、综合呈现"相结合的实践模式。

红色歌剧教学排演，将课堂与舞台、学院与社会文化相结合，强化学生的综合能力，拓展舞台实践与课堂教学的联动机制。在以革命题材为中心的红色歌剧的创排过程中，带领学生深入革命圣地进行艺术采风，学习党史研习角色；在歌剧合成过程中组建剧组党支部，发挥引领作用，参与台前幕后，服务集体；引领学生在"学英雄，演英雄"的

《江姐》剧组在全国巡演

艺术实践中感受革命精神的洗礼，并在公演过程中将革命英雄故事、红色精神以生动的艺术形式传递给台下观众。将专业教育与思政教育深度融合，实现两者的有机统一，强化课堂育人功能，将"立德树人"贯穿教学全过程，并构建了"育人思政要素聚合—教学实践平台复合—多元联动场景"的人才培养路径。通过中国歌剧的排演引导学生树立正确的人生观、价值观、历史观和民族观，达到"以文化人，以歌感人，以德育人"的教学目的。

红色歌剧的每一次排演与公演都是对于专业学生技艺的磨练和精神的洗礼。2016年冬，同济大学校园版歌剧《江姐》赴教育部礼堂汇报演出，当最后一个音符落下，有一位曾经参加过对越自卫反击战的老党员激动地从观众席中站起，振臂高呼"共产党万岁！"并饱含热泪地向剧组庄重地敬了一个军礼。就在那一刻，在场所有人的心都震颤了，所有人的眼眶都湿润了，每个人都深刻地感受到了共产主义信仰的力量和老一辈革命者坚定的理想与信念。从中所获得的心灵触动和灵魂洗礼难以言表，却毕生难忘。剧组中的许多学生在这场演出后都递交了入党申请书，积极向党组织靠拢。《江姐》剧组参演学生的党员比例从2016年的25%提高到2019年的40%。在这部歌剧巡演的5年中，剧组学生有3人光荣入伍、2人支教边远地区、1人走上了高校辅导员岗位。

三、推动文化传承创新，培育"一专多能"的时代艺术新人

习近平总书记指出："要挖掘中华优秀传统文化的思想观念、人文精神、道德规范，把艺术创造力和中华文化价值融合起来，把中华美学精神和当代审美追求结合起来，激活中华文化生命力。"高校美育教育和思政教育，不仅要引导学生传承中华优秀传统文化和红色艺术经典，还要不断开拓新的艺术创作来传递精神和思想。近年来，同济大学对革命题材的红色歌剧排演和创编正是贯彻习近平总书记指示的生动实践。

如果说排演红色歌剧《江姐》是传承民族经典，那么由同济人携手专业院团名家共同创排的原创大型民族实验歌剧《志丹，志丹》就是新时代同济艺术教育者的开拓与创新。在歌剧创排的三年间，主创团队先后 3 次赴圣地延安、渭南及志丹县等地采风。剧本前后创作、修改近 10 稿。演出的版本也从最初不带表演仅由钢琴伴奏和演唱的音乐会版，到带有简易服化和舞美的室内歌剧版，几经打磨与修改，最终才以交响乐团伴奏的全景歌剧形式呈现。在创排过程中，团队秉承创造性转化、创新性发展的创作理念，注重肢体、音乐、戏剧等多语言的有机融合，建立与本剧主题内容相匹配的歌唱形式，乐曲创作注重音乐语汇的鲜明性，舞台空间强调象征性、虚实结合、意境渲染，注重场景与服饰的还原与再现，着力塑造典型的人物形象，力求"好听、易懂、深刻、感人"。用音乐讲好中国故事，以歌声叙史，以文艺育德，推动文化传承创新。

对于声乐专业学生而言，在学生时代能够全程参与一部原创歌剧的创编并见证其成形公演的机会实属难得。这意味着学生不仅要在创排过程中提升专业技能和综合表演能力，还要深入了解歌剧的元素构成、创作方式及工作流程。这其中包括：艺术采风、歌剧语言的特点、歌剧民族化的特征、舞美制作、服化要求、舞台监督任务、剧目宣传运营等。这种多元赋能、链式联动的教学育人方式，对于学生开阔眼界、提升综合能力大有裨益，也对学生发现自身兴趣、明确人生规划起到重要作用，对实现综合性大学特质的"一专多能"复合型音乐表演艺术人才培养的目标具有重要指导意义。

【思考与展望】

　　同济大学通过对大型红色歌剧创编排演的实践探索,以排演红色文艺作品带动学科发展,运用美育新形式将思想政治教育贯穿专业育人全过程。未来,学校将继续深入推进这一革命文化弘扬和专业人才培养模式。一是强化以革命题材红色歌剧为核心和载体的声乐专业思政课程链,构建一套集"知识与实践并重、德行与技艺并重"以及"一专多能"于一体的复合型声乐人才培养体系。二是强化艺术专业课育人功能,将思政教育融入专业教育、艺术教育之中,完善专业人才培养体系,用生动的方式向师生校友、社会各界传播红色思想和革命精神。依托优秀的红色艺术作品和鲜活的艺术形象,在打造"同济精品"的同时,擦亮同济文化育人品牌。

艺术与传媒学院:王伊达、李巍、朱洋

芳 华 绽 放

坚定文化自信，构建中华优秀传统文化育人新模式

【核心阅读】

中华优秀传统文化是中国特色社会主义文化的主要来源，是中华民族生生不息、薪火相传的不竭精神动力。近年来，同济大学的中华优秀传统文化育人工作实现了教育普及面向人人、传承发展守正创新、传播推广有声有色，课堂里、社团中、舞台上、网络间，传承活动精心设计、协同推进、丰富多彩、深入人心。校园内，百花齐放，满园春色，"礼敬中华·名家论坛"，二十四节气文化育人，陶艺、雕塑等艺术课程，中国画研修班，传统首饰工作坊等艺术活动纷至沓来，中华优秀传统文化育人工作成效显著。

【做法与成效】

一、打造文化地标，弘扬传统文化

笛音传情、雅俗共赏，点滴之墨、可写山川，雅琴识人、缘结知音……文榷堂内，茶艺、笛艺、书画、古琴等学校传统文化社团不时汇聚一堂，举办文榷雅集会活动，师生朋友圈经常被传统文化活动图片刷屏。这只是传统文化活动的一个剪影。图书馆"闻

闻学堂开展古琴艺术交流活动

学堂""文榷堂"先后启用并升级,主题活动精彩纷呈,吸引学子纷纷前去打卡。

"闻学堂"设置专门的空间场所和硬件设施,集中国传统文化文献阅览、展示和研讨功能于一体。定期开设传统文化相关的校内选修、专业课程,举办中华传统文化主题展览、国学研讨讲座沙龙、戏曲传唱面对面、经典著作"芝麻开门"以及书法、绘画、篆刻等活动,增强师生对中华优秀传统文化的感知和践行。

嘉定校区图书馆14楼的文榷堂文化空间通过文艺鉴赏、实践体验等形式宣传推广中华优秀传统文化、国际文化、学科文化、革命文化,传承同济精神,丰富同济师生的文化生活和文化实践。

文榷堂开展印信文化系列活动中的现场篆刻体验

二、搭建育人平台，提升师生素养

积极举办传统文化和民族艺术演出，提升师生的民族艺术素养。每年举办的"同济大学艺术节"中，与中华传统文化相关的演出常常是"重头戏"，包括京剧、昆曲、越剧、沪剧专场演出、民乐团专场音乐会等，受到师生的广泛欢迎。

加强对师生传统文化类社团的培育和支持。学校现有教工越剧团、教师书画协会和学生民乐团、昆曲研习社、京剧社、金音笛艺社、点墨轩、辟雍汉服社、采薇茶艺社、武术协会、陈氏太极协会等传统文化类社团，师生成员2000余人。这些社团通过开展形式多样、内容丰富的社团活动，使校内更多师生受到传统文化的熏陶和吸引。

创办"同济复兴古典书院"和"同济英才国学堂"，开展国学教育。"同济复兴古典书院"面向师生和社会招收学员，开设了《论语》等优秀传统文化系列课程，实行传统经典研读、学习心得分享等方式，同时还设立了书法、国画、昆曲、茶道等实践内容，受到师生和社会各界人士的广泛欢迎，其学员作品多次在《人民日报》刊发。"同济英才国学堂"面向中小学生开展传统经典教育,相关工作获评全国高校"礼敬中华优秀传统文化"特色展示项目。

创新宣传方式和渠道,推动文化传承创新。开设陶艺、雕塑等艺术课程,深入挖掘中华优秀传统文化蕴含的思想观念、人文精神和道德规范,在哲学社会科学及相关学科课程中增加中华优秀传统文化的内容,建成 10 门精品传统文化课程,组织实施"中华优秀传统文化传承发展工程""中华经典诵读工程"等;依托京昆基地、闻学堂、文榷堂等载体,建强中华优秀传统文化传承基地,开展"礼敬中华·名家论坛"、二十四节气文化育人、校园版昆曲《长生殿》等系列品牌活动,引导高雅艺术、非物质文化、民族民间优秀文化走近师生。

三、开展专项计划,丰富校区文化

近年来,嘉定校区坚持"以文化人、以文育人",从文化环境、艺术鉴赏、文化实践三方面入手,着力营造春风化雨、润物无声、涵养气象的校园审美空间和育人氛围,让学子在感受美、欣赏美、创造美的过程中浸润、滋养心灵,从而坚定文化自信,厚植爱国情怀,校区的文化建设品质提升专项工作成效明显。

嘉定校区的教学楼群分别以"安""博""诚""德""迩""复""广""华"命名,学院楼以"通达馆""开物馆""智信馆""惟新馆""宁远馆"等命名,在语义中倡导中华民族的精神本原。同时,通过"刚柔于同 艺韵在济——教师绘画作品展""怀袖雅物——扇面画艺术展""四时花开——妙空如如书画展""青与蓝——系列绘画作品展""咫尺丹青——周德宽扇面书画作品展""浓墨重彩绘华章——教工书画展""墨散八方出丹青,众志成城战疫情——教师战'疫'画展"等各类传统文化艺术展的进驻,让嘉定校区的楼宇浸润在艺术文化的氛围中,焕发出别样的光彩。

"中国画教师研修班"自 2018 年 3 月 14 日开班以来累计授课 400 余次,举办画展 10 余次,出版画册 2 辑,影响力辐射到数以千计的同济师生及周边区域群众。第一课堂与第二课堂联动的方式深受嘉定校区教师欢迎,在嘉定校区教工中引起较大反响。"育

嘉定校区举办"刚柔于同 艺韵在济——教师绘画作品展"

人者必先育己,立己者方能立人",教师们不仅可以跟专业绘画教师学习绘画,还可以通过展览的形式展现学习成果,从不懂绘画到后来有了创作意识,并使他们深切感受到绘画让生活更美好,艺术鉴赏与创作让自己在教书育人的岗位上更具有创新力。

"艺·创"作品展呈现了近两年来累计数百件由同济师生精心制作的各类手工艺品,这是艺术与传媒学院建立的"惟新工坊"中华优秀传统文化实践基地文化活动之一。除了不定期举办各类艺术展览,"惟新工坊"还面向全校本科生开设通识选修课"传统艺术品设计与制作""树脂立体画",累计吸引约800名在校学生选修。"惟新工坊"还将文化建设发展到了"同二代"身上,举办创新能力提升专项体验活动——陶艺。艺术为骨、创意为翼,在师生亲身参与艺术创作的过程中,优秀传统文化的育人功能进一步彰显。

躬行实践,创美于业,在文化实践的过程中,"同舟共济"的精神、"与祖国同行、以科教济世"的担当、传承优秀中华传统文化的使命已然成为每一名学生牢记于心的标志符号。

【思考与展望】

中华优秀传统文化是深厚的国家文化软实力,也是坚定文化自信的内在动力支撑。未来,同济大学将继续在以下方面下功夫。一是要在"育"字上下功夫。坚持注重从中华优秀传统文化中汲取精华和资源,营造中华传统文化的育人环境,积极构建师生沉浸参与式教育平台。如在校园道路楼宇景观命名中,用中华传统和汉语的丰富内涵实现润物细无声的育人效果。二是要在"传"字上下功夫。加强价值引导,培养师生对中华优秀传统文化的敬意。特别要融入新时代同济精神内涵,注重中华优秀文化的精神价值引导,帮助广大师生学用结合,内化于心,外化于行,增强国家认同、民族认同、文化认同,不断丰富人才培养的文化特质。三是要在"创"字上下功夫。要在学科建设、平台建设等方面继续开展丰富多彩的文化育人活动,让中华优秀传统文化走进师生的日常生活,加强中华文化的国际交流,在多元文化交流互鉴中进一步增强广大师生道路自信、理论自信、制度自信和文化自信,助推国家发展和民族复兴。

党委宣传部:顾旭峰、张铭旭、孙军莹

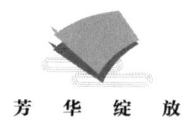

芳 华 绽 放

以美培元，多维度彰显京昆艺术的魅力

【核心阅读】

"到同济学戏去"已经成为京昆爱好者的口头禅。自 2016 年创建中华优秀传统文化传承基地（京昆）以来，学校高度重视和大力支持，基地师生热情付出、不懈努力，基地各项工作扎实推进，平台机制建设有序推进，第一、二课堂教育相得益彰，校内校外活动精彩纷呈，协同辐射效果越发彰显。基地通过多角度多层面开展各类京昆艺术研讨、表演和普及活动，为相关师生社团搭建平台，吸引更多师生喜欢京昆艺术、欣赏京昆艺术、传承京昆艺术，提高师生传统文化素养，提升对传统戏曲艺术的理解和体验，树立文化自信。

【做法与成效】

一、加强课堂教育，提升学生审美素养，坚守京昆艺术的文化底色

同济大学浸润京昆艺术由来已久，在国内高校中较早引入京昆教育，有着良好的京昆艺术传承的传统。学校组织校内外师资开设人文通识公共选修课"京剧鉴赏""昆曲

鉴赏""京昆实践""中国戏（剧）曲经典""中华传统文化"等课程，各1.5个学分，课程也吸引了一批师生旁听。此外还开设了"元明清戏曲专题""中外名剧研究"等专业选修课。课程采取主讲与邀讲、授课与讲座、课堂与观赏、讨论与研究、校内与校外相结合的形式。在职教师作为课程负责人，邀请了上海昆剧团、上海京剧团的著名演员，复旦大学、上海戏剧学院等兄弟院校的戏曲研究和教育专家参与课程教学，如著名戏曲表演艺术家岳美缇就"临川四梦"在昆曲表演艺术中的典范作用予以详解，著名学者翁思再以京剧的审美特征为切入点，对比讲述中西方艺术的思维方式和抒情模式，著名昆曲表演艺术家、国家一级昆曲演员张卫东阐述昆曲的曲艺风格和艺术特色，上海戏曲中心党委书记、上海市昆剧团团长谷好好、著名青年京剧演员王珮瑜等也先后进校园授课讲解。

二、开展特色活动，鼓励学生艺术实践，绘就大学校园的文化亮色

基地主动牵头上海市学生京昆艺术教育和传播，从上海市大学生艺术教育和美育教育的成果出发，在上海市文教结合项目的支持下，于2021年5月15日上演学生版《长生殿》全本，提升昆曲艺术在校园的影响力，呈现上海学生传承戏曲文化新品牌，积极推动京昆艺术传承和弘扬。基地突出专业院团优势，构建院团与高校合作新模式，与上海昆剧团共同策划、资源共享、优势互补，上昆拿出最好剧目和最强师资，克服疫情影响，以组织大学生昆曲训练营（大学生版的昆剧班）形式，通过线上海选、暑期集训、直播公演等形式，选拔培养28名有潜力、有兴趣的大学生种子选手。由一批优秀青年演员带教基本功训练，帮助学员们做好业务提升。完成针对性分角色行当教学后，组建学生版《长生殿》班底。邀请蔡正仁、张静娴等老一辈艺术家和黎安、罗晨雪等"梅花奖"演员亲自带教，为学员们带来个性化专业指点，通过技术传授、讲座指导，提升学生审美素养，让昆曲舞台迎来青春新脸庞，让水磨雅韵浸润莘莘学子的心灵，将传统文化发扬光大。学生版《长生殿》2022年参加全国高校校园戏曲展演活动，受到广泛好评。

芳 华 绽 放

学生版《长生殿》上演

微电影《不老长生》剧照

基于学生版《长生殿》排演过程创作的微电影《不老长生——当青春遇到〈长生殿〉于2023年拍摄并发布，深受社会各界喜爱，观看近20万人次。学生版《长生殿》受邀参加于2023年举办的第八届中国校园戏剧节演出。

三、开展社团建设，吸引学生浸润京昆，铸造大学校园的文化成色

目前基地设有3个学生社团：同济大学京剧社、昆曲研习社、越剧社，共有社团成员200余人，其中活跃社员100多人。基地建设注重将常规活动提升为特色活动，特色活动打造为品牌活动。2018年12月1日举办"同声汇雅韵——上海市大学生戏曲汇演"的活动。2019年11月16日举办"纪念梅兰芳大师125周年诞辰系列活动"，师生同台演出前半部《红鬃烈马》等一系列活动。"上海高校京昆青春汇演""同传经典 国韵流芳——同济大学学生戏曲汇演"等校园内的京昆艺术表演已经在大学校园文化中不可或缺。基地组织开展"进剧院、看名剧"活动，向全校大学生提供免费观摩经典京剧昆曲演出的机会，延展课堂教育的内容，数年来组织学生进剧院看名剧2000多人次。邀请国家京剧院、上海京剧院、浙江昆剧团、上海昆剧团等剧团进校园演出。举办"大学生与艺术大师面对面"系列讲座活动，邀请京剧昆曲表演艺术家进高校开展互动讲座。京昆艺术教育与普及已经成为同济大学校园文化内涵建设的一大品牌。基地注重工作坊建设，将第一课堂理论教育与第二课堂学唱教育紧密结合，整合校内校外资源，每周定期举办昆曲教学公开课、京剧教学课、越剧教学课等。这些教唱活动对全校中外学生和其他高校大学生免费开放。此举既保证了同济学生的需要，也吸引了复旦大学、上海财经大学、上海外国语大学、上海理工大学等高校的学生，让教唱这样的常规活动成为吸引学生参与的特色活动。除公共课外，对于有一定学习基础的学生，开展一对一授课，让他们尽快领略京昆艺术的深厚内涵，提升学生审美素养。

纪念梅兰芳大师125周年诞辰,师生同台演出前半部《红鬃烈马》

四、拓展教育路径,大力增强辐射影响,宣扬京昆艺术的文化本色

基地加强京昆艺术研究,开展了梅兰芳失传剧目的抢救工作,基地艺术总监、梅派传人李健主持整理出版了《梅派京剧失传剧目选集》(共4册,包括《太真外传》《红鬃烈马》《龙凤阁·红楼》等),连续四年开展"梅韵玖传"师生专场,将濒临失传的经典剧目重新搬上上海京剧院艺术舞台,向社会开放演出。

为加强与中学生的互动,基地学师生每两周一次走进中学,开展京昆普及活动。除教唱活动之外,还邀请京昆名家走进附属中小学和学校周边中小学开办讲座和举办社团活动,向附属中小学生赠送《京剧》《昆曲》口袋书等。通过学生演唱、现场互动、游戏环节等吸引中学生的关注。同时,面向小学生开发"花面丫头十三四——少儿昆曲讲座",激发中小学生对京昆艺术的兴趣。面对突如其来的疫情,在线下进校园活动按下

"梅韵玖传"同济师生专场演出京剧《太真外传》

暂停键后,基地主动策划移动直播栏目,打造系列线上活动品牌,尝试将常规的传统文化普及活动和空间"搬迁"到网络世界。基地携手上海京剧院、上海昆剧团先后开展了"走进昆曲里的四大名著""携手向花间,'同'话长生殿"直播和"我们在一起"线上演唱会等活动,超过50万人次的网友参与。在云端创新传统文化进校园路径,进一步拓展辐射范围,开展弘扬传统文化的有益尝试。

由教育部中华优秀传统文化传承基地(京昆)和江苏省文物局主办,同济大学博物馆和中国昆曲博物馆承办,同济大学人文学院、同济昆曲研习社、同济大学文榷堂、同济大学沪西校区图书馆和隐堂(郑培凯)工作室协办的"盛世元音——中国昆曲艺术文化同济大学特展"先后在博物馆、沪西校区图书馆、嘉定校区图书馆文榷堂、附属中小学进行巡展,面向全体师生普及与推广中华优秀传统文化,引领全体同济人自觉接受中华优秀传统文化的熏陶,激发更多师生喜欢京昆艺术、欣赏京昆艺术、传承京昆艺术,提高师生传统文化素养、提升对传统戏曲艺术的理解和体验、树立文化自信,树立健康

大中小学生同台演出

向上的审美观和正确的价值观,汲取中国智慧、弘扬中国精神和传播中国价值。

五、加强校外交流,展示国粹精彩魅力,凸显中华民族的文化特色

基地支持和鼓励大学生走出校园,参加社区活动、舞台表演和演唱比赛。近年来,基地学生先后参加社团文化节演出、迎新晚会、毕业晚会等校内的重要文化活动,参演了全国高校京剧演唱会、上海白玉兰戏剧表演奖颁奖晚会等。基地学生近年来多次在全国高校京剧演唱研讨会(高京赛)上获得特等奖、一等奖、二等奖等奖项,同济大学京剧社荣获"最佳组织奖"称号。基地师生积极参与"中华优秀传统文化走出去"活动。2018年5月,基地携《霸王别姬》《三娘教子》《状元媒》《罗成叫关》《红娘》等节目前往意大利,成功举办"京剧走进佛罗伦萨"活动,受到当地高校师生和市民的热烈欢迎。进大学、到中学、入剧院,中国京剧在歌剧之乡传唱。同年12月,基地携《霸

基地师生赴佛罗伦萨展演并交流

王别姬》《牡丹亭·惊梦》赴日本樱美林大学交流演出。为庆祝佛罗伦萨大学孔子学院建立五周年，2019年10月，基地师生携京剧《贵妃醉酒》再赴佛罗伦萨大学展演并交流。2019年11月，基地同学赴瑞士、列支敦士登、法国和摩洛哥等结合亲身体验向当地民众传播京剧和昆曲之美。同年12月，基地同学携《红娘》《思凡》赴韩国庆熙大学交流演出。

【思考与展望】

京剧和昆曲是我国优秀传统文化的瑰宝，京昆艺术教育与普及需要守正笃实、久久为功，需要全社会共同努力。多年来，同济大学教育部中华优秀文化艺术传承基地（京昆）形成了校园京昆艺术熏陶、传播、推广的成功经验。未来将持续着力打造有影响力度、有内涵深度、有内容广度的文化活动。充分发挥高校文化传承创新的优势与作用，

依托上海昆剧院专业力量,集中长三角地区各高校最优的学生力量,形成传习京昆的有效平台,让更多的师生接触、了解、熟悉甚至喜爱京昆艺术。积极开展京昆艺术推广活动,多维度宣扬京昆艺术的文化内涵。深化"品戏"系列品牌,邀请老艺术家、梅花奖获得者、同济大学教授等与青年学生对话做客雅集,老中青三代共同品味戏曲与学校学科间跨界融合的奥妙,将沉浸式的展示、亲近式的讲解带给广大青年学子。坚持"文化走出去",凸显中华民族的文化特色。以大学的国际文化传播平台为载体,以演提高、以演交流、以演弘扬,把京昆艺术送到更多国家,进一步开拓中华文化传播、向世界观众讲述中国故事的途径,让美丽的传统艺术之花在异乡绽放。

党委宣传部:顾旭峰、孙军莹

以文化人，筑牢"中国文化"精神根基

【核心阅读】

为了进一步深入贯彻落实习近平总书记关于社会主义文化的系列重要讲话精神，以优秀的中国传统文化熏陶人、鼓舞人、引导人，坚持以美育人、以文化人，提升青年学生的人文素养，精益求精推进"同济特色"校园文化建设品牌化、品质化，人文学院联合校党委宣传部、研究生院共同举办"中国文化"系列高端讲座，与同济大学"中国道路""中国精神"系列讲座和活动形成合力，使青年学生深入了解我国的历史、文化、国情，增强青年学生的民族自尊心、自信心和自豪感，激发青年学生的爱国情怀，坚定青年学生的理想信念，促使青年学生与祖国同行、与时代同步，在守正创新上有新作为。

【做法与成效】

一、立足学科平台，汇聚专业权威，共享思想盛宴

"中国文化"系列高端讲座立足人文学院的哲学、中国语言文学和艺术学理论三个一级学科，邀请领域内著名专家学者讲授中国文化，展现学科魅力，推动同济"精品文科"的发展和提升人才培养水平，为构建中国特色哲学社会科学贡献同济力量。

在中国哲学领域，第四讲中山大学陈少明教授以"作为精神现象之'物'"为主题，阐述人类精神活动的对象化现象；第十一讲华东师范大学杨国荣教授作题为"历史与本体：李泽厚思想的若干问题"的讲座，分析李泽厚思想的重要命题与反思，展示李泽厚思想多层次的内涵和意义；第十五讲复旦大学吴晓明教授以"中国学术的自我主张"为

"中国文化"系列高端讲座第一讲"当前红学热点漫谈"

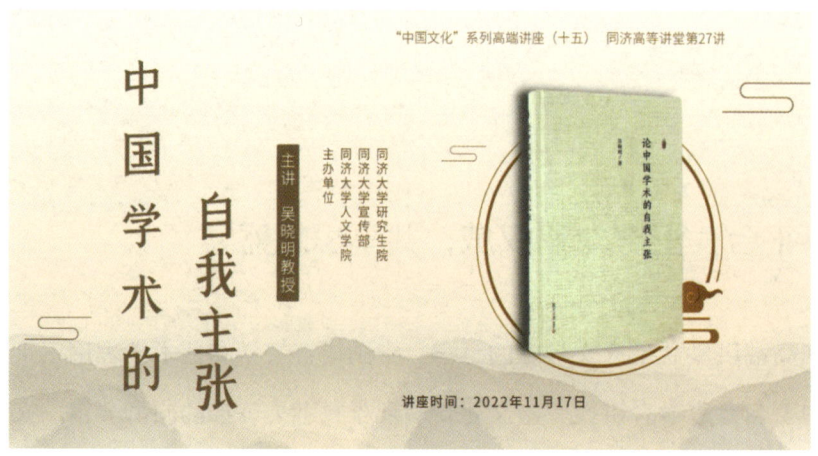

"中国文化"系列高端讲座第十五讲"中国学术的自我主张"宣传海报

主题，详尽阐述了学术发展的一般规律、"学徒状态"的基本缺陷、摆脱"学徒状态"的方法、中国学术获得自我主张等内容。在中国文学领域，第五讲复旦大学陈思和教授以"谈谈上海文化的几种构成"为主题，带来了上海文化思考的展开路径；第十六讲北京师范大学文学院刘勇教授以"今天为什么要读鲁迅"为主线，展示了在当代中国研读鲁迅作品的方法，围绕着鲁迅作品的总体价值、经典意义等问题展开深入探讨。在中国艺术领域，第一讲中国艺术研究院孙伟科教授以"当前红学热点漫谈"为主线，围绕《红楼梦》阐释中国艺术精神；第三讲南京艺术学院的夏燕靖教授以"艺术史的交错与边界扩展"为主题，构建既有中国特色又具当代语境的艺术史及艺术史学体系。

二、提升人文素养 繁荣校园文化 增强文化自信

自 2020 年 12 月第一讲"当前红学热点漫谈"开讲以来，截至 2023 年 6 月 2 日，"中国文化"系列高端讲座已成功举办十九讲。该系列讲座平均每学期三讲，线下覆盖了四平、沪西、嘉定多个校区，累计约 7000 人次聆听了讲座，深受学生欢迎，并且在校、院、系各级媒体平台进行了广泛的宣传，累计新闻推送约 30 次，形成了品牌效应，繁荣了校园文化，建立了文化育人的长效机制，提升人才培养水平，成效显著。

在沪西校区举办的讲座有：第七讲清华大学丁四新教授聚焦"三纲说的来源、形成与异化"重新审视早期中国位分伦理学；第十讲复旦大学陈引驰教授以"道家思想与中国文学"为主题，精练概括了道家思想的特点，阐释了道家思想在文学中的主要表现。在嘉定校区举办的讲座有：第十七讲南京大学何成洲教授聚焦"文学与艺术的跨媒介研究"，深度分析"跨媒介概念定义""跨媒介研究""文学艺术的跨媒介专题研究"和"跨媒介的表演性"等方面；第十八讲中央美术学院尹吉男教授以"物的实在性：美术史的另一种视角"为题，阐述了立足于"实物"展开图像史研究的研究立场和工作方法，分享在中国古代书画鉴定组的工作经历及研究思想启发。线上开展的讲座有：第二讲南京大学吴俊教授以"文学史视野中的媒介性文学生产——世纪之交新媒体文学转型刍议"为主线，阐述 20 世纪 90 年代纸媒文学之变；第八讲北京大学彭锋教授聚焦"艺术史的

"中国文化"系列高端讲座第七讲——"三纲说的来源、形成与异化"

转向:从艺术品到艺术家",阐述艺术史叙事范式的转变;第十二讲东南大学龙迪勇教授以"空间叙事学:从文学到图像"为主线,阐述和界定了"叙事""叙事学"和"空间叙事学"等概念;第十四讲南京大学周宪教授聚焦"反思奇观文化",解读奇观背后复杂的文化意蕴。

三、以文化人守正创新有作为 同济天下强化使命勇担当

"中国文化"系列讲座通过传承中华优秀传统文化,展示中国文化的永恒魅力,融合新的时代内涵,体现中国文化的当代价值,推动创新性发展、创造性转化,激发中国文化的生命活力,以深刻的理论、丰富的内涵、厚重的历史,带领同济广大青年学生从不同专业领域领略中国文化之美。该系列高端讲座将知识性和价值性统一起来。通过讲述中国艺术、文学,以美育人,培根铸魂;通过讲述中国哲学,培养思辨能力、批判精神,破旧立新、温故维新、守正创新;通过讲述中国历史,树立家国情怀,培养学生心有情怀、胸有壮志、肩有担当。

讲座现场交流

第九讲中山大学冯达文教授以"回归生活世界的价值诉求——儒学变迁史略说"为题,讲述儒学变迁的逻辑进程;第十三讲北京师范大学王一川教授以"现代中国的美学旅行与当前美育"为主题,从国家战略高度对现代身体美感如何与古典式心学传统重新接通作了精辟概述;第十九讲中国人民大学梁涛教授聚焦"去圣则无真孔子",介绍了孔子的生平与孔子创立的儒家学说,并分析了孔子圣人之名的形成。

【思考与展望】

文化兴则国运兴,文化强则民族强。沿着习近平总书记指引的方向,以社会主义核心价值观为引领,同济大学将秉持"同济天下、崇尚科学、创新引领、追求卓越"新时代同济文化,通过"中国文化"传递同济精神,在"同济文化"中铸牢"中国文化"的精神根基,推进文化自信自强,传承中华优秀传统文化,发展社会主义先进文化,担负起新时代新的文化使命,创新文化育人形式,打造"同济特色"校园文化品牌,以美育人、以文化人,涵养丰润同济师生的"中国文化"精神家园。

人文学院:徐天使、沈卫青、陈延英

芳 华 绽 放

传播校史文化，凝聚同济精神

【核心阅读】

习近平总书记指出，"历史是最好的教科书"。大学的历史积淀与文化传承是大学创新与发展的精神养分，更是新时代建设中国特色世界一流大学的内在动力。学校十一次党代会以来，同济大学档案馆与校史馆紧跟时代步伐、与时俱进，通过校史馆展陈改版、校史专题教育、校史相关展览和校史系列专题推送等，宣传同济历史、讲好同济故事，赓续同济文脉、弘扬同济精神。校史文化的传承与推广，展现了师生始终听党的话、坚定跟党走的意志信念，记载了学校薪火相传、弦歌不辍的孜孜追求，丰富了学校全面发展、服务社会的卓越历程，也诠释了同济人自强不息、严谨求实的精神品格，是新时代同济文化的重要组成，是学校创新发展的精神动力。

【做法与成效】

一、结合时代发展，更新校史馆展陈

同济大学校史馆名为"同创楼"，位于同济大学四平路校区主区东侧，始建于2007年学校百年校庆之际，以"面向未来的同济文化体验中心"为定位，面向全体师

同济大学校史馆外景

生校友和社会大众，展示学校历史，传递同济教育理念和办学精神，弘扬同济传统与同济文化。自学校十一次党代会召开以来，校史馆以习近平新时代中国特色社会主义思想为指导，全面贯彻落实党的十九大、二十大精神和追寻学校"与祖国同行，以科教济世，加快建设中国特色世界一流大学"的目标愿景，展陈不断与时俱进，及时补充更新学校在人才培养、科学研究、社会服务等方面的最新发展内容，展示校史馆近年来最新研究及征集整理成果。根据校史馆展陈内容，对校史馆网站进行了更新调整，同时利用现场VR及3D建模相结合的信息技术，将图片、文字有机集合，利用虚拟的可拓展网络空间，建立兼具沉浸式参观体验的线上展厅，为远程观众提供身临其境的参观服务。

校史馆已经成为展示同济历史与同济文化的第一窗口。2018至2022年，校史馆共接待参观人数96706人次，在传递同济教育理念和办学精神，弘扬同济传统与同济文化方面发挥着重要作用。

二、结合各类庆典，举办档案校史展览

近年来，档案馆、校史馆结合学校校庆及各项中心工作，围绕"同舟共济"的精神，深入挖掘档案校史文化的内涵，加强档案馆藏的研究与利用，举办系列档案校史展览，加强档案文化的宣传与推广，扩大档案工作的影响力和号召力，在国内外产生了重要社会影响。

（一）"绝学与精思——同济大学学术出版百年纪念展"

2018年12月举办的"绝学与精思——同济大学学术出版百年纪念展"是对同济百年学术出版的总结，也是对同济学术精神的一次思考，展览分为"1918—1949：溯源""1949—2018：繁盛"两个篇章，用54块展板，丰富的史料和300余幅珍贵照片，系统展示了学校学术出版一百年的发展历程，体现了学校在学科发展、人才培养、科学研究等方面的优势与传统。系统展现了同济人面向世界、"救中国于贫弱"的抱负、"求学术新颖，复选精粹，而译笔选词择句悉依祖国"的自信、"正当文规不容少苟，其有须博征文献者兼收并采，尤不惮烦"的严谨，以及"咸有新知，无忘古学"的追求和"与祖国同行，以科教济世"的担当。

（二）同济大学服务新中国建设70年主题展

2019年举办的"'与祖国同行，以科教济世'同济大学服务新中国建设70年主题展"全面回顾、集中展现了中华人民共和国成立70年来，同济大学始终秉承"与祖国同行，以科教济世"的办学传统，为国家重大战略、国家重大工程建设、国家经济社会发展做出的巨大贡献。展览是同济大学"不忘初心、牢记使命"主题教育的一部分，系统梳理了70年来同济大学服务祖国建设的重要代表性成果，按时间段划分为四个部分：第一部分以中华人民共和国成立为起点，以"响应号召 心系民生"为主题；第二部分以党的十一届三中全会召开为起点，以"改革开放 跨越发展"为主题；第三部分以邓小平发表"南方谈话"为起点，以"深化改革 追求卓越"为主题；第四部分以党的十八

"同济大学服务新中国建设70年"主题展

大开启新时代为起点，以"勇担使命 强国济梦"为主题。展览包含90余幅展板、350余张照片，生动展示了新中国建设发展的不同历史阶段，同济人始终坚守教育报国初心，济世情怀永续，谱写了与祖国同行、与时代共奋进的华彩篇章。

（三）全面建成小康社会中的同济贡献主题展

2021年7月1日，习近平总书记在庆祝中国共产党成立100周年大会上庄严宣告，在中华大地上全面建成了小康社会。当天下午，"同济世 奔小康——全面建成小康社会中的同济贡献主题展"在同济大学四平路校区博物馆揭幕。展览由序篇、第一部分"促进经济健康发展"、第二部分"助益人民民主建设"、第三部分"增强文化竞争实力"、第四部分"提高人民生活水平"、第五部分"致力生态环境改善"6个篇章组成，通过近百块展板、410余幅图片，系统回顾了我国在小康社会建设过程中的艰辛探索与伟大实践，全方位展示了同济大学为全面建成小康社会贡献的智慧和力量，彰显了同济师生的家国情怀和爱国奉献精神，以此致敬奋斗的同济人，礼赞伟大的新时代。

"同济世 奔小康——全面建成小康社会中的同济贡献主题展"参观现场

（四）其他校史相关主题展览

学校持续加强对同济历史与传统的挖掘，进一步凝聚和弘扬同济精神与家国情怀，引领同济人在为人民利益的不懈奋斗中书写人生华章。学校先后举办了"同济迁往李庄办学80周年"主题展、上海市教卫系统抗疫主题展、同济大学党建示范高校创建成果展、"同济人与港珠澳大桥建设"专题展、"同济人在南极"专题展、"立德树人铸根基 五育并举谱新篇——纪念同济大学'劳动建校'70周年"专题展、"踔厉奋发启新程，同舟共济向未来"同济大学嘉定校区建设发展成就展、"忆学界楷模，颂桥梁先驱"纪念李国豪诞辰110周年专题展、"走进同济 走近黄岩"同济大学与浙江省台州市黄岩区校地合作10周年主题展等展览，挖掘同济的红色基因，通过多种形式讲述同济故事，弘扬同济精神，使之成为同济师生成长必不可少的营养元素。

同济大学嘉定校区建设发展成就展

三、结合"三全育人",推出校史系列推送

2019年,在庆祝同济大学建校112周年之际,为更好地从百年同济的历史和文化积淀中总结治学理念和办学特色,传承同济精神,档案馆、校史馆通过微信公众号推出了"校史回眸"之"历史上的这一周"系列推送,用丰富的史料和图文再现了学校的发展历程和办学实绩,在读者中引起良好反响,达到了较好的育人效果。自2019年6月至2020年5月,"历史上的这一周"系列主题推送活动共推出52期,《同济永远的吴淞之殇》《治淮工程的光荣一页》《同济人的"汽车梦"》《同济文科的"红楼"记忆》《走向世界的同济设计》《同济百年校庆经典时刻》……一个个鲜活的历史事件以时间为纲,以事件为索,娓娓道来,勾勒出了学校发展历程的大致轮廓,拓展了学校办学育人的丰富内涵,构成了40万同济人共同的历史记忆和精神财富。2022年115周年校庆,

芳 华 绽 放

"同舟共济印记"系列推送

在同济"印记"展览期间,学校选取115枚印章展现同济精神,并在学校微信平台推送"同舟共济印记"系列文章,用鲜活的故事和精美的印文展现了同济大学建校以来"与祖国同行,以科教济世"的同舟共济时刻。

2023年3月,基于推送修订编写的《济忆——历史上的这一周》正式出版,校史文化进社区活动同步启动,学校还举办了"书香校园"读书会,师生共读校史。该书以事件为切入点,不限于学校发展的某一个时代或者阶段,通过横向比较与纵向分析,以翔实的史料、严谨的考证和丰富的图片再现学校在教育理念、学科发展、办学特色、社会服务、对外交流、校园文化、机构变迁等方面的演变过程。该书由点到线、由线到面,融合了编者的思考与总结,既是赓续同济文脉、弘扬同济精神的重要载体,也是学校推进党史学习教育"燃起来"的一部良好教材,有助于激励广大师生同心协力,共同推进中国特色世界一流大学建设。

《济忆——历史上的这一周》首发式

四、结合第二课堂,开展校史专题教育

同济大学校史馆是历届新生入学教育的重要基地,2022年,与新生院联合开展校史校情教育,组织本科新生153个班级团支部深入学习校史文化,实现全员覆盖,为培养具有"通专基础、学术素养、创新思维、实践能力、全球视野、社会责任"综合特质,担当民族复兴大任,引领未来的社会栋梁与专业精英夯实基础。

校史馆建设了一支优秀大学生志愿讲解团队。从"学习者"到"讲解员",他们在校史馆教师的指导下,系统学习同济校史,深刻理解同济精神。校史馆讲解员团队每年注入新鲜血液,并常年保持在50人规模。当前的讲解员团队中还有一批来自2022级的大一新生,他们以极大的热诚,边学习、边研讨、边整理,迅速投入讲解员的工作,以"身边人讲校史故事"的亲切感与亲近感,让红色校史精神更深刻、更生动、更全面地在全体新同学们心中生根发芽,让红色同济文化代代传承、绵延不息。在2023年5月的优秀讲解员评选中,10名现任学生讲解员与5名已毕业的讲解员被评为优秀讲解员。他们还远赴同济第二故乡四川李庄,为游客现场讲解同济与李庄的故事,在列车上为新生讲解校史。他们以热爱与传承,发挥了校史学习、讲解的先进带头作用。

新生院全员全覆盖开展校史校情教育

【思考与展望】

回顾历史，总结经验，可以为学校更好地面向未来、实现内涵式发展提供有益的借鉴。校史研究和文化的传播与推广任重道远，未来学校将从以下几方面加强校史育人工作：一是加强对学校历史和档案的研究，组织编写完善同济大学史；二是结合学校校庆和重要历史节点，开展校史丛书的组织和编撰；三是围绕重点学科和重要历史事件，开展学科史研究，策划举办专题展览，加强支撑院史馆建设和学院、学科史的研究和宣传，出版专题书籍；四是充分利用新媒体平台，输出内容丰富、形式新颖、传播广泛的校史文化内容。在不久的将来，促进同济的历史文化走出档案馆藏，走进校园、走入师生、走向大众，以起到更好的校史育人作用并获得更广泛的社会影响力。

档案馆：林强；图书馆：周黎萍

赓续同济红色血脉,培根铸魂育时代新人

【核心阅读】

在同济大学百余年发展历程中,涌现出许多可歌可泣的英烈人物。同济英烈们慷慨激昂的誓言、视死如归的信念体现了一代代同济人对伟大理想的坚定追求,淬炼形成了爱国荣校的光荣传统,树立了崇高的精神坐标,彰显了中华民族生生不息的气节。围绕"立德树人"根本任务,学校有关部门完善育人载体,深入挖掘校史中的红色资源;拓展传播途径,依托融媒体互联网平台广泛传播同济红色文化、弘扬革命文化、传承英烈精神、赓续红色血脉、厚植家国情怀,切实推进校园文化特色品牌建设,形成推动事业发展的强大精神力量。

【做法与成效】

一、挖掘保护红色史料

学校认真贯彻落实习近平总书记对档案工作的重要指示批示精神,推进红色史料挖掘保护工作。档案馆坚持档案征集和资源利用相结合,做好红色档案资源的征集与保护工作。在史料挖掘过程中,档案馆通过电话联系、实地走访、拜访知情人等方式,先后

采访了陈雨苍烈士侄子张遐宁、李桦烈士老同事等烈士遗属和有关人士，联系了相关博物馆、纪念馆，收集到许多烈士事迹和史料，征集到一批珍贵的实物档案，其中包括陈雨苍烈士的证明文件和当年出版书籍的往来信函、陈瑞生烈士生前的照片，以及与郑文道和郑香山烈士相关的《郑雍陌祖房谱》等。通过深入挖掘和查档考证，档案馆还发现和新增了6位同济英烈，征集到不少相关史料。这些珍贵的素材和史料不仅丰富了英烈事迹，生动地展示了英烈形象，也充实了学校的红色档案资源，成为传承同济精神的宝贵资料和生动载体。

二、全面拓展红色名片

为了更好地发挥学校学生运动纪念园的教育作用，学校于2021年底启动纪念园修缮工作。修缮改造后的纪念园新增了"一·二九运动"纪念主题浮雕，展现了同济学子在中共地下党组织的领导下与国民党反动派奋勇抗争、争取人民解放的英勇事迹，激励新时代同济人团结奋斗，为建设社会主义现代化强国而勇毅前行。纪念园还新建了同济英烈纪念墙，列出了全部25位同济英烈，增设了献花台，完善了园内步道和灯光、绿化景观，提高了这一具有同济特色传统的爱国主义教育基地的系统性、完整性和参观效果，有效提升了纪念园的教育意义和红色基因传承价值。每年五四青年节和国家公祭日，学校都分别在学生运动纪念园举行学生运动纪念和同济英烈纪念活动。

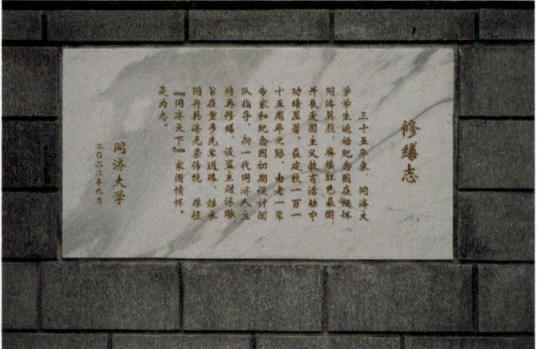

学生运动纪念园新增浮雕及修缮志

学校每年在学生运动纪念园举行国家烈士纪念日主题纪念活动

  与学生运动纪念园配套，学校在"一·二九"大楼建设了"学生爱国运动纪念馆"，展陈了五卅运动、五四运动、救饥救寒运动、"一·二九"事件等爱国学生运动中同济青年的英勇斗争历程以及同济英烈的光荣事迹。为更好发挥同济红色历史的育人作用，校团委组织成立"一·二九"学生宣讲团，面向新生团支部实现宣讲全覆盖，面向全社会宣讲同济大学学生运动及同济英烈故事，传播同济青年的报国理想与家国情怀。"一·二九"学生宣讲团的成员也在广大青年中发挥了树立崇高理想信念、积极投身国家建设的模范带头作用。

学校在纪念馆举办纪念"八·一三"淞沪会战爆发85周年座谈会

三、广泛弘扬红色精神

学校把校本红色资源作为进行革命传统教育、爱国主义教育、思想道德教育的生动教材。2020年6月,档案馆以"红色基因"为主题,以1997年出版的《同济英烈》为蓝本,开展"校史回眸"之"同济英烈"系列推送活动。为了传承好红色基因,档案馆确定了以"英烈"二字为主基调的英烈人物选取原则,以严谨的工作态度查询线索和资料,对原书中英烈事迹的文稿进行了重新整理,修改了部分内容与描述,补充了有关档案史料,增加了与英烈相关的珍贵图片,并补充了新增的英烈人物,丰富了英烈人物和事迹。在这些英烈中,有参与五卅运动的反帝先锋尹景伊、以笔为剑投身革命的红色诗人殷夫,有扎根浙南大地抗日救亡的钱钟仪、深入虎穴传递百余件重要情报的郑文道,还有争民主反独裁的民主战士周均时、誓死捍卫人民政权的阎镇家……一件件英烈事迹犹如一幅幅可歌可泣的壮烈画卷，成为师生树立崇高理想的精神坐标，在校内外师生中引起了强烈反响，并成为学校开展党史学习教育和"四史"宣传教育的生动教材。校友会等也同期予以转发，在广大校友中发挥了红色基因的传播作用，取得良好的传承与宣传效果。

与此同时，为庆祝中国共产党成立100周年，传承好红色基因，学校决定出版相关书籍。2021年7月5日，《同济英烈》（第二版）举行首发仪式暨赠书活动，学校广播台的学生还朗诵了殷夫烈士的组诗《血字》《我们是青年的布尔塞维克》，追溯历史的足迹。再版后的《同济英烈》共收录25位同济英烈人物，以英烈牺牲或逝世的时间顺序进行编排，翔实介绍了他们的光辉思想和生平事迹。学校党委书记方守恩以《贺建党百年，忆英烈忠魂》为题为该书作序。

在建党百年之际，同济大学关心下一代工作委员会组织全校各学院百名大学生将校关工委编写的《同济的故事》一书中的100个故事，以口述朗读的方式转变成语音版，通过校广播台向全校进行播放。

党委宣传部推动创建并同期推出系列广播栏目《英魂济忆》，为广大师生提供更加喜闻乐见和生动形象的学习方式。在宣传部教师的专业指导下，学校广播台的8名学生

《同济英烈》（第二版）首发式上向师生赠书

参与了音频的编辑、播音和制作工作。学生们认真研读英烈事迹，逐篇改编播音剧本，以崇敬的心情参与录播工作，并通过编播工作升华了对英烈人物和事迹的感悟，增强了爱国荣校信念。该广播栏目自2020年7月开始首播，于2021年建党百年前夕完成全部制作和播音。与此同时，《英魂济忆》音频版还通过同济大学文明网、广播台网易云、喜马拉雅等官方平台向社会大众播出。宣传部通过灵活运用融媒体传播方式，为师生搭建起校史学习和红色基因传承的新桥梁，增强了英烈事迹的可读性，使广大学生在聆听中增强了知校、爱校、荣校的自豪感和归属感。

在推出系列广播栏目的同时，宣传部选取殷夫、尹景伊等烈士和"一·二九"运动等题材为制作内容，开展"同济英烈"系列微视频制作工作，推进党史学习教育深入开展。2022年五四青年节前后，宣传部参加教育部推出的"我和我的学校·红色记忆篇"主题策划活动，在学校官微陆续推出以翔实图文和漫画视频相结合的主题推送活动，生动形象地讲述了建校百年来同济青年济世兴邦的感人故事，多角度展现同济优秀传统，进一步拓展宣传阵地，提升党史学习教育的效果。微视频推送活动受到师生、校友的普遍赞誉，为学校培育和践行社会主义核心价值观、深入开展文化育人工作增添了一抹亮色。

"同济英烈"系列微视频

【思考与展望】

习近平总书记指出:"要把蕴含党的初心使命的红色档案保管好、利用好。"同济大学的百年发展历史,是同济大学与中华民族命运休戚与共的历史,是同济人抛头颅洒热血英勇斗争、满腔热情报效祖国的历史,同济英烈以及在各个时期同济先辈的光辉形象和英勇事迹为我们留下了宝贵的精神财富和历史传承。学校将结合中国特色世界一流大学建设要求,一是在深入挖掘校史资源,讲好同济历史,讲好红色故事上持续着力;二是多渠道、多途径、多载体传承红色基因,让红色资源"活"起来,让红色基因"传"下去。未来,同济大学将继续把红色校史作为常态化党史学习教育的有机组成部分,推动实施时代新人铸魂工程,培养堪当民族复兴大任的时代新人。

党委宣传部:张铭旭;档案馆:邹晓磊

芳 华 绽 放

创新校园舞台，书写红色论文

【核心阅读】

  2017年，恰逢同济大学建校110周年，由艺术与传媒学院表演专业师生创作的讲述同济校史的大型舞台剧《同舟共济》成功首演，拉开了"同济三部曲"编创排演的序幕。学校第十一次党代会以来，讲述老校长李国豪院士生平事迹的大师剧《国之英豪》以及纪念著名校友、革命烈士殷夫的英烈剧《铸诗成剑》也破茧而出。从展现"同舟共济、自强不息"的大学精神，到再现以同济大师为代表的科学家精神，再到踏寻同济英烈的红色足迹，"同济三部曲"的成功创演是一种以校史话剧为抓手做好大思政课建设的有益探索和积极实践，喊出了"把红色论文书写在主旋律的舞台上"的强音，切实提升了以文化人、以艺育人的品质。

【做法与成效】

一、深挖同济红色历史，传承红色基因

（一）多"点"探索

  《同舟共济》的雏形是一首原创歌曲《传说》，用音乐和舞蹈的方式呈现了风雨飘

摇下同济与祖国命运与共的不朽传说，一经推出就在校园内迅速"出圈"。同样，"狂风大浪"之于《国之英豪》、"血沃龙华"之于《铸诗成剑》，由"点"出发，多"点"探索的格局逐渐成形。

（二）聚"面"成形

《传说》以后，《从军志愿书》《十里洋场之北十五里》《奇迹》等歌曲也很快创作完成，《通电》《黎明》《去祖国最需要的地方》《点名仪式》《最美丽的风景》《责任永恒》等戏剧篇章也借校庆晚会和迎新晚会等重大校园文化活动的机会正式演出发布，完成了聚"面"成形。

（三）铸"体"凝魂

2017年5月，三部曲之首的《同舟共济》在大礼堂正式上演。用戏剧来讲述校史的创新方法也完成了从"点"到"面"，最终到"体"的不断完善的创作路程。李国豪校长和其他同济先辈们的舞台形象得以立体而丰满地呈现。《同舟共济》全剧一轮轮演出的热烈反响，特别是四首原创歌曲在学生间的广为流传，是育人创新成果的最佳体现。

支撑"同济三部曲"一步步走向更大舞台的背后是创作团队对同济红色历史的不断深挖。抓得住点，切得了面，立得住体是迈向成功的基石，也使得党史和校史的学习教育从点滴到整体，循序渐进地深入到全校师生心中。

2014级学生演员步京委在演出结束后感言："原本只以为是一次单纯的扮演。我曾认为，身处和平年代的我们，声嘶力竭地喊着要去抗日救国，是一件多么空洞的事情。但是当我第一次站在聚光灯下，目送着我的兄弟将要离开，怒吼着唱出'不辱祖先，不负英烈'时，我的内心竟也燃烧出无尽的火焰。突然之间，我感觉我早已超越了时空，我的命运与七十多年前的他紧紧联系在一起，此刻，周边一片黑暗，我所看见的，也正是他在李庄的夜晚，思念着早已沦陷的家乡时，所面对的那一个个浓郁的夜。所有的家仇国恨，都通过这一句句掷地有声的怒吼，发泄出来。回望同济一路艰难地从战火中走来，我告诉自己，时代瞬息万变，可是作为一个男人，责任和使命，永不会变。"

芳 华 绽 放

《同舟共济》首演

二、将舞台变成讲台，培养多层次学生团队

三部曲之一《国之英豪》是根据我国著名桥梁工程与力学专家、教育家、社会活动家、两院院士、同济大学老校长李国豪的生平创作而成，于2019年年末正式上演。该剧获得了校内师生、社会各方与业界的一致好评，全剧艺术再现了李国豪大师及其后辈

《国之英豪》首演合影

学生代代传承的爱国报国、赤诚为国、奋斗不息的辉煌历程，是一部弘扬科学家精神、体现优良学风传承的舞台艺术作品。

在创排过程中，由校研究生担任执行导演，增强了导演组与演员之间的日常交流与联系。同时，让大量新生参加到剧组当中，并将他们与具有较丰富舞台经验的高年级同学组队，形成了由本科新生、高年级学生与研究生三个层次构成的紧密联系的学生团队。排演的红色剧目既作为同济大学表演专业学生专业学习、交流的实战平台，也随着一名新生慢慢地成长为高年级学生甚至是研究生，作为一种红色基因不断地传承，形成了鲜明的育人特色。

导演钱正在一次专访中提到：“剧目呈现了李国豪老校长从青年、中年再到老年的三个人生阶段的故事，动用了三位不同的演员，且邀请毕业校友回校出演中、老年阶段的角色。饰演青年阶段的演员，要体会中国多灾多难时期，一个二十多岁的小人物如何思考将自己的命运和国家命运结合的过程。另两位饰演中年、老年时期的演员，更需要

《国之英豪》演出剧照

从思想上指导青年演员,学习以一位七十多岁大师所具有的战略眼光,去思考国家、民族、社会命运的问题。除了舞台排练,我们更做了大量的文案工作,带领所有演员一起阅读文献、体验生活。希望大家可以通过这部剧感受到老校长生平闪耀出的大师光芒和人性光辉;也希望能让大家深刻体会到'同舟共济、自强不息'的同济精神;这也是我们同济的艺术工作者,在舞台上书写属于同济的红色论文的执着与热情。"

三、成立临时党小组,引领编创排演深化实施

为了充分发挥大剧创排的育人作用,艺术与传媒学院党委依托学生第一党支部,组织三部曲剧组中的党员、发展对象、积极分子成立临时党小组,为剧组工作的高效推进保驾护航,也凝聚了剧组内落实党史学习教育的中坚力量。

对党史与革命精神的深度理解与感悟,是党史题材的戏剧艺术创作的基石,也是开展课程思政的落脚点。五卅运动是中国共产党领导的具有深远意义的一次反帝爱国运动,也是《铸诗成剑》中重点刻画的场面。在《铸诗成剑》第二场"五卅血路"正式开始排

《铸诗成剑》演出剧照

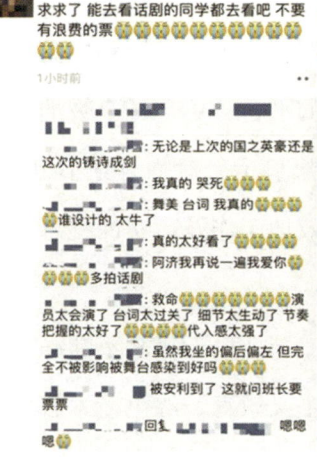

《铸诗成剑》演出观后感

练前，组织学生查阅五卅运动的历史资料、观看五卅运动的相关纪录片与影视作品，全面地了解五卅运动。随后，临时党小组引导学生从文本与影视资料所描绘的人物中寻找自己角色的影子，并为其撰写人物小传，一步步地走向那些无名英雄。最后，临时党小组将大家召集到一起，共同探讨对五卅运动与革命精神的理解与感悟。同学们积极地分享自己的所思所悟，并争相扮演起五卅运动中的革命先辈，一同迈向那个革命年代。革命精神也在这个过程中，从一行行文字与张张照片中化成了一个个鲜活的角色与一颗颗炽热的心。

临时党小组成员在工作中发挥着模范带头作用，默默地奋斗在台前幕后第一线，为三部曲最终的成功献演发挥了重要作用。加入演出的21级新生有5位在演出结束后递交了入党申请书，共产党人精神在剧组内遍地开花。以临时党小组作为中坚力量的创排模式在深化剧组"三全育人"方面取得了显著的效果。

剧组临时党小组是一个党员发挥先进示范作用和接受群众监督的平台，同时也是一个对入党积极分子进行考察与评价的平台，更是一个吸纳更多优秀青年学生加入党组织的平台。对剧组成员问卷调查的结果显示，对临时党小组工作的满意率达到100%。对于临时党小组能否有助于剧组更高效地工作及落实课程思政的完成情况调查中，所有人都给出了肯定的答案。

在各方的大力支持下，"同济三部曲"近年来不断深化和积极排演。三部曲作为同济大学每年定期的新生教育、爱国主义教育、红色艺术教育季专项活动，线上线下观演超过50万人次。2022年9月，话剧《国之英豪》正式被列入由中国科协、教育部、共青团、中国科学院、中国工程院五部委联合开展的"共和国的脊梁——科学大师名校宣传工程"，同时被列入2023年度全国高校原创文化精品项目。光明日报、文汇报、澎湃新闻、中国科学报、人民网、东方网等主流媒体都对演出进行了报道，获得了相当广泛的社会关注，产生了较大的社会影响力。

【思考与展望】

"同济三部曲"在学校党委的领导下,多部门协调推进创编排演,自创作初期就得到上海市教委等单位的高度重视,列入上海市教委"名校大师剧创编巡演计划",也是同济大学"十三五"和"十四五"规划的校园文化建设重大项目。未来,各部门将进一步用好用活学校自身思政资源,继续深化"同济三部曲"和优秀校史剧目的创作排演,把校史、大师和红色英烈的人格感召力和艺术创作的内在感染力相结合,协同推进专业教育与课程思政深度融合。以三部曲创排演为载体,建立"制度引领、团队聚力、教学互嵌"的工作体系,建设影视表演课程思政团队和专业课程链,融通综合素养课程、专业课程及实践课程"三课合一"。开展以面向全校的剧目编创展演和示范党课、思政大课等实景化、沉浸式主题教育体验,为学校思政教育落细落实提供生动载体,以艺术浸润提升入脑入心实效。

艺术与传媒学院:董逸、钱正、吴佳炜

芳 华 绽 放

山河行过书声琅琅，纪录片演绎同济精神

【核心阅读】

近年来，同济大学注重与各大媒体平台联合挖掘制作校史纪录片，向全社会生动讲述同济故事。《山河行过——抗战中的同济大学》《百十五载 与国同行》《抗战中的李庄——书声琅琅》，分别在央视中文国际频道、上海纪实频道播出，在全社会和广大师生中产生了巨大的影响。几部纪录片用影像化语言，重构了原本停留在文字中、平面化的历史记忆，再现了同济大学抗战时期六次迁校、坚持办学的艰苦历程，复活了百余年来与祖国同行、以科教济世的恢宏史诗，讲述了各个时期同济师生心怀爱国之情和报国之志、为祖国科教事业不懈奋斗的感人故事，成为同济师生和社会大众了解同济校史、传播同济精神的重要载体和宝贵财富。

【做法与成效】

一、研读采访踏勘，沉浸式学习同济历史

第一手的资料、最直接的认知是讲对讲好同济故事、准确理解把握同济精神的第一步。这一切，必须要通过研读同济档案资料和历史专著去发掘，通过对不同阶段办学的亲历者面对面的采访去聆听，通过重走同济前辈所走过的祖国山川去体验。

（一）精研宝贵史料，发掘同济精神的精髓与传承

在《山河行过》的策划过程中，同济大学与上海广播电视台的联合工作团队认真研读抗战期间的校内外档案资料，深入挖掘历史影像资料，在史料当中提炼同济精神。在该纪录片中，采用与历史事件、人物故事精准对应的历史照片近百张、原始档案上百件，包括曾任教于同济大学的德国教授费里勒生前捐赠的抗战时期珍贵照片十余张，"八·一三事变"中同济大学被炸毁后的动态影像也首次披露。《百十五载 与国同行》制作团队谈到，从最初策划开始，我们就和同济大学档案馆、校史馆做了紧密对接，看到了许多非常珍贵的照片、档案、会议记录，文献中的字字句句都能让我们感受到那一代知识分子的家国情怀，他们迫切地希望能通过自己的努力，让祖国赶快富强起来、发展起来。

（二）采访耄耋校友，还原同济故事原本面貌

几部纪录片制作团队走遍上海、寻访武汉，采访了吴孟超、傅信祁、乐彩臣、冯克燕、金士翱、韩天芑、冯姚平、董鉴鸿等一大批耄耋之年的历史亲历者，在他们绘声绘色的讲述中，了解历史事件的细节，为纪录片的创作奠定了坚实的史实基础。多位校友先后离世，他们的珍贵影像永远留在了纪录片中，与历史一同代代相传。《百十五载 与国同行》制作团队在采访后认识到，片名"东方朝阳"的真正内核——"朝阳"不只是同济早期的那些革命者，更是后来一批批前赴后继的同济人，只要"济人济事济天下"的理念不变，"朝阳"就永远不落。

（三）再走西迁道路，追随先贤坚定的足迹

为从影像上体现人物行走的空间，《山河行过》摄制组足迹遍及同济大学六次迁徙的全路程，精心拍摄了南岭萌渚岭、滇越铁路百年"人字桥"、近代产锡矿区广西八步、川南千年古镇李庄、茶马古道仙市等富有表现力的自然景观和传统文化空间。在走访中，大家深刻体会到："这是一个亲历者达千人以上、行走跨越两万两千里、影响至今的宏大故事，是一段知识分子和青年学生的避难史、迁徙史，是一段保存中华文脉，永不言弃、学术创新的行动史，更是一段彰显中国人的爱国情怀和意志力、抉择力的心灵史。"

《抗战中的李庄》制作团队2022年6月在武汉采访老校友许先典

二、多平台播出，广泛传播同济故事

（一）《山河行过》展现辗转西迁、办学不辍的艰辛

2019年9月27日，《山河行过》纪录电影举行首播仪式。同济西迁的亲历者，1943年考入我校医学院的杰出校友、被誉为"中国肝胆外科之父"的98岁高龄的吴孟超院士出席了纪录片首播仪式。校党委书记方守恩表示，同济大学在抗战时期历经磨难，校名从未更改，报国之志从未泯灭，办学从未中断，规模还在不断发展壮大。其内在的强大精神力量，使当代同济人仍能感受到心灵的震撼。与祖国同行、以科教济世，这就是我们同济人的初心和使命。观众评论，《山河行过》第一次以多种艺术手段，塑造了冯至、夏坚白、李国豪、张静吾这些与国家共命运、凝聚同济精神的重要人物，表现了同济青年学生在国家命运转折点上的伟大抉择。

2019年9月27日,《山河行过》纪录电影举行首播仪式

《山河行过》在上海纪实频道首播

《抗战中的李庄》在央视中文国际频道《国家记忆》栏目播出

（二）《抗战中的李庄》展现延续文脉、科教报国的执着

2022年7月11—15日，《抗战中的李庄》在中央电视台中文国际频道《国家记忆》栏目陆续播出，其中第一集《辗转内迁》、第三集《书声琅琅》、第五集《战时家园》等让国内外观众了解到同济大学辗转西迁、办学不辍，在李庄生存发展的艰辛与执着。评论认为，同济大学是全民族抗战时期，内迁至大后方的几十所高校的缩影，他们冒着炮火艰难办学，弦诵不绝，不仅促进了中国后方的文化教育发展，支持了抗战，也为中华民族保留了科学和文化的种子，使中华文脉绵延不绝。

（三）《百十五载 与国同行》展现不忘初心、科教济世使命

2022年11月22至27日，系列纪录片《百十五载 与国同行》在上海纪实频道播出。纪录片分六集：《东方朝阳》《旭日初升》《继往开来》《乘风破浪》《济世强国》《济舟扬帆》。该片向社会各界及师生校友展现了同济大学自1907年建校以来，在各个历史时期与中华民族命运休戚与共、与祖国科教事业心手相牵、与上海城市发展相濡以沫，

系列纪录片《百十五载 与国同行》在上海纪实频道等多个平台播出

以及同济师生在党的领导下，同舟共济、自强不息、百折不挠，"与祖国同行，以科教济世"的辉煌历程。

三、持续研学，传承发展同济精神

（一）"不忘初心、牢记使命"主题教育集中研学

2019年9月29日，同济大学党委举行"不忘初心、牢记使命"主题教育校领导班子第二次集中学习研讨。学习研讨会上，与会人员首先观看了纪录电影《山河行过》。与会同志们一致表示，在开展"不忘初心、牢记使命"主题教育之际，用生动的影像资料回顾学校的这段历史，进一步加深了对党的初心和使命的认识和理解，进一步明确了肩负的重要职责和光荣使命，深受震撼、深受鼓舞、深受激励，要努力为党育人、为国育才，培养德智体美劳全面发展的社会主义建设者和接班人。

芳 华 绽 放

（二）专题纪念研讨，赓续同济精神和红色血脉

2022年8月13日，同济大学举行纪念"八·一三"淞沪会战爆发85周年主题活动。与会学子观看了淞沪会战历史影片和再现同济大学抗战时期六次迁校坚持办学艰苦历程的纪录电影《山河行过——抗战中的同济大学》片段，并纷纷发表感言。学校时代声音传播社的学生谈到："我们缅怀先辈们用热血换来如今的太平安康，我们感恩成长在今天和平安定的年代。"并表示要进一步挖掘整理校史中的红色资源，讲好同济故事、中国故事，传承红色基因，赓续红色血脉，不负党和人民的殷切期望。

【思考与展望】

用纪录片再现同济大学办学历程以及特殊历史时期的典型人物、事件，既是向同济先辈致敬，更是教育当下和未来的同济人，自觉将小我融入大我，为中华民族的伟大复兴而奋斗。未来，学校将继续发掘优秀题材，打磨创作更多优秀的纪录片，更广泛传播同济故事，传承同济精神。一是多方协同联动，深入挖掘更丰富的典型素材。通过档案挖掘、书籍查阅、人物口述、新闻报道、先进人物选树等形式，持续深入地挖掘更多典型人物和事件素材，形成纪录片的丰富素材。二是加强顶层设计，遴选组织多角度纪录片题材。从历史的角度，选择典型的时期；从大学功能角度，选择不同类型的主题；从同济文化角度，选择不同的文化维度；从学科结构角度，选择不同的叙事主线，有组织地策划多角度反映同济大学人才培养、科学研究、社会服务、文化传承与创新国际交往的优秀题材。三是主动寻求合作，拓展纪录片制作发布传播平台。继续拓展与央视、上海电视台等媒体平台不同部门的合作，邀请高水平团队进行纪录片的创作，加大在传统媒体和新媒体平台的发布力度并持续开展后续活动，提升同济出品纪录片的国内外文化影响力。

档案馆：邹晓磊

文化影响　深远绵长

芳 华 绽 放

同济大学推进同济文化示范行动，强化大学精神的输出，提升先进文化的影响传播力。不断扩大同济人、同济事、同济文化在全社会的示范与影响，同济师生多次获国家和省部级道德模范、劳动模范、优秀年度人物等先进称号，策划制作发布的新媒体作品每年均获全国奖项，文化作品屡获高校原创文化精品项目、全国高校"礼敬中华优秀传统文化"系列活动示范项目和特色展示项目。加强与其他高校的联动与协同，联合其他高校策划组织联合文化活动、共同发挥大学对社会主义文化建设的带动作用。加强对社会文化的辐射和支撑，依托文化精品项目，与社区、中小学建设文化共同体，服务"上海文化"品牌建设、国际文化大都市建设和长三角一体化发展战略。加强对世界文化的辐射和影响，深入开展"中华优秀文化走出去"工作，推动学校文化团体赴国外展演，推动文化交流互鉴，加强国际传播能力，讲好同济故事、中国故事。构建大宣传和大文化建设格局，加强教育部融媒体中心试点建设，打造18个新媒体平台融合的媒体矩阵，依托各大主流媒体平台，传播同济文化、发布重大成果，社会媒体年均正面报道同济大学10余万条次，产生了巨大的社会影响。

以人为本,以情为线,做好新时代"大先生"主题宣传
——以"硬核偶像"全国道德模范、同济大学汪品先院士为例

【核心阅读】

伟大的时代呼唤伟大的精神,崇高的事业需要榜样的引领。同济大学紧扣时代脉搏,坚决以习近平新时代中国特色社会主义思想为指导,深入贯彻落实党的十九大、十九届历次全会和二十大精神,积极开展"弘扬爱国奋斗精神、建功立业新时代"的宣传活动,主动挖掘了一批以全国道德模范、中国科学院院士、同济大学汪品先教授等为典型代表的"大先生"事迹,在校内校外营造崇尚榜样、学习榜样、关爱榜样的浓厚氛围,积极践行"同济天下、崇尚科学、创新引领、追求卓越"的新时代同济文化,培养担当民族复兴大任的时代新人。

【做法与成效】

一、精心策划传播内容，借力短视频让主流价值"火"出圈

习近平总书记指出："读者在哪里，受众在哪里，宣传报道的触角就要伸向哪里，宣传思想工作的着力点和落脚点就要放在哪里。"学校在策划传播内容时，紧紧围绕"贴近现实、贴近学生、贴近心灵"，通过以小见大的方式，以个体视角的"微叙事"展开，立足同济师生，主动出击，积极打造网友喜闻乐见的短视频产品。2021年4月，中国科学院院士、同济大学汪品先教授85岁高龄仍站在讲台，开设"科学与文化"公选课，每次课程均在同济大学官方视频平台直播，每次关注量均高达10万余人次。党委宣传部在全程拍摄了课前课上课后的各类"小故事"后，在同济大学抖音、快手等平台上发布一则15秒的《85岁院士课后冒雨骑单车"溜"了》的视频。该视频引起网民的广泛关注，迅速掀起热议，并被央视新闻、人民日报、新华社等媒体全平台发布，在新浪微博阅读量高达3000余万。紧接着，一系列融媒体消息如数推出，其中有《可爱汪先生和他的魔力小单车》《85岁院士栉风沐雨的少年感》《汪院士曾每天工作14小时说最缺时间》等，在全网"井喷式"火热传播，总点击量超过3亿次。学校通过挖掘汪先生课堂上和课后的小故事，让广大网友更深入了解这位惜时如金、始终奋斗在科研一线的同济"大先生"，85岁高龄仍站上讲台传播科学知识，晚上下课后还骑自行车回实验室继续工作，被莘莘学子尊称为"最可爱的汪爷爷"。学校通过挖掘汪院士等"大先生"身上爱岗敬业的闪光点，以细节展现同济人的家国情怀，同济人的贡献与作为。

二、深耕细作"内容为王"，"小"题"大"做实现新闻报道规模化

想要打造"爆款"新闻，必须深入挖掘新闻的内涵，注重积累。从2015年"海洋与中国"讲座，到2017年"科学、文化与海洋"公选课，再到2021年"科学与文化"的公选课；

从"南海大洋钻探"的新闻,到南海深部计划"八旬高龄三潜南海"深海勇士的新闻,再到"院士夫妇捐款 200 万元,只有一个要求:不要以我们的名字命名"的新闻,学校精心选题、大力传播,七年间在同济大学微信平台推出汪院士专题报道 30 余篇,此外还通过漫画长图、手账、朋友圈公益广告视频等链条式报道模式,从不同的视角充分调动师生的情感力量,让正能量更强劲、主旋律更高昂,让同济精神传得更开、更广、更深入。同时,学校强化特殊时间节点的传播,全年策划贯穿始终,有的放矢,连成一线,力求各个宣传要素都能对应相应的热点事件或时间点。例如校庆、毕业季、教师节、招生季、中秋节、汪先生生日等,通过推文和视频内容的二次创作更新,相应推出"院士夫妇一路扶持陪伴""同济大学录取通知书里有汪先生的笔记""汪先生寄语青年""汪先生的家国情怀"等报道,按照新媒体传播的发展趋势来做好爱国奋斗精神的网络传播,让师生在关键时间节点接受到主题正向引导,显著提高了主题教育和传播过程中师生的关注度和参与度。

汪品先院士系列报道

央视报道包含汪先生笔记的同济大学录取通知书

三、统筹聚力优质资源，打造品牌激发媒体融合新优势

2021 至 2022 年，学校联合中央电视台、新华社等推出汪院士的一系列节目专访，汪院士的事迹还得到了央视《吾家吾国》节目、上海广播电视台《可凡倾听》节目和文汇报、东方卫视、澎湃新闻、新民晚报的展播报道，央视中秋晚会、"相对论"节目、"面对面"栏目等在同济大学 B 站和视频号等平台联合发布；学校文明办配合市文明办推出反映汪品先院士事迹的连环画作品《全国道德模范——汪品先》，汪院士参加科学 T 大会、上海国际青少年科技博览会、教师节上海市为新晋教师寄语等活动，现身说法，展示"大先生"风采和科学家精神。汪先生的故事有了更精彩的表达，在社会上产生了浪潮式和涟漪式的传播效应。为了让视频传播真正发挥价值引领作用，学校和学院联合在 B 站、微博、抖音开通了汪品先院士账号，专门成立工作专班，建立例会制度，以传递科学文化知识为视频的主要内容，倾力打造同济科普文化品牌，每期科普视频由学校、学院和汪院士本人精心制作。截至目前，"汪品先院士"在 B 站知识区的 up 主中关注度一直

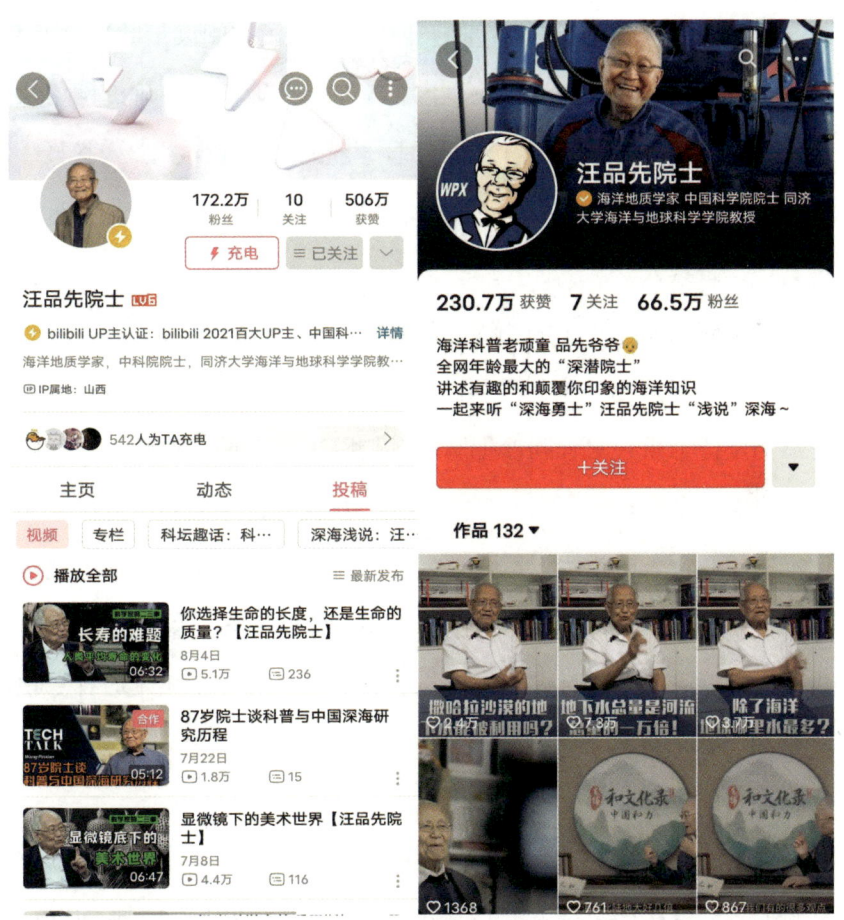

汪品先院士在 B 站等网络平台开设账号做科普

汪先生作为"银发知播"群体一员,入选"感动中国"2022 年度人物

处于领先地位，发布了近 90 部科普短视频，篇均阅读量数近百万，B 站粉丝总数达 170 余万，成为在青少年中有影响、内容有特色、业内有口碑的网络媒体大号，受到广大年轻人的追捧和喜爱。2023 年 3 月 4 日，汪品先院士与吴於人教授一同列为"银发知播"群体，获颁"感动中国"2022 年度人物。颁奖盛典上，汪品先院士寄语年轻人"要说真话，求真理，做真人"。

聚榜样之光，照青春之路。学校开辟了"弘扬爱国奋斗精神 建功立业新时代"专题，大力开展"身边的'大先生'"学习宣传活动，除了以汪品先院士为典型，还有 95 岁高龄仍坚持为重大工程问诊把脉的孙钧院士、"最美教师"郑时龄院士，以及董鉴泓、姚祖康等十余位教书育人的"大先生"及爱国奋斗的知识分子典型，发布不同形式的图文推送 100 余条，阅读量达百万余万人次。策划制作反映师生爱国奋斗精神的社会主义核心价值观微视频十余部、公益广告短视频 13 条，并通过大屏幕、微信定点投放等方式播出，曝光量达两百多万人次，中央电视台等主流媒体均有专题报道。

【思考与展望】

面对"大先生"等主题，如何做到推陈出新，让受众从被动接受到主动感受，这才是我们做好宣传的关键。尤其是在融媒发展的大环境下，既要发挥好传统媒体的优势，又要充分运用新媒体的表现形式，优化内容，"一稿多吃"，合理地将两者有机融合，通过细节和故事打动人心，才能做出"1+1＞2"的效果，让每一个故事走进更多人的心里。未来，我们将聚焦更多的同济"大先生"和优秀师生校友，坚持以人为本，以情为线，通过对他们事迹的挖掘、宣传和学习，激励广大师生把爱国之情、报国之志融入祖国改革发展的伟大事业之中。

党委宣传部：聂阳阳

同济文化破圈传播，名师大家亮相央视《开讲啦》

【核心阅读】

宣传同济文化想要取得更好的传播效果，只有突破圈层，才能有真正的影响力。作为中国首档电视青年公开课栏目，央视栏目《开讲啦》以其"年轻化"和"全媒体"的传播特点受到广泛关注。2019年6月15日、2023年6月17日，中国工程院院士、时任同济大学校长陈杰，中国科学院院士、同济大学城乡历史环境再生研究中心主任常青先后做客《开讲啦》。名师大家与主持人撒贝宁展开精彩对话，谈笑间分享大学教育理念和专业思想，为年轻人答疑解惑，指引人生方向，一时圈粉无数，成功为学校做了两次"硬广"。名师大家亮相央视流量节目，充分发挥央视平台覆盖面广、粉丝基数大的优势，提升了学校知名度和美誉度，同济文化破圈传播取得了良好的成效。

【做法与成效】

一、邀请名师大家亮相中央媒体，提升学校知名度和美誉度

在参加《开讲啦》节目时，陈杰院士担任同济大学校长不到一年，他说自己对于百年同济而言，还只是一个"新人"。在撒贝宁的眼中，陈杰校长是位十分低调的校长，

时任校长、中国工程院院士陈杰教授在《开讲啦》节目中谈同济大学

这次录制《开讲啦》是难得的一次面对镜头。除了低调以外，陈杰校长还是一个非常务实的人，他可以全天不间断工作，经常秒回学生和同事半夜发来的工作邮件。对陈杰校长而言，低调与个性正是他与同济的共同特点。同样，他也认为"青年人应该要保留自己的个性、敢为天下先，同时也要脚踏实地、扎扎实实、不畏艰险"。

另一位主讲人常青院士也拥有许多光环——曾主持完成5项国家级研究项目，出版专业著作10余部，发表论文80余篇，先后获国家图书奖最高奖、教育部和上海市科技进步二等奖、中国建筑学会建筑设计奖·建筑教育奖、全国优秀教师和国家教学名师称号。他将心血倾注于建筑"再生"，先后主持、主创20多项建成遗产保护及历史环境再生工程设计项目。

为了让海南海口的骑楼老街"整旧如故"，他已经修了13年，至今仍未结束。他笑称自己的项目几乎都是"马拉松"式的，动辄几年或者十几年投入才能看到成效。他

中国科学院院士、建筑与城市规划学院常青教授在《开讲啦》节目中谈建筑再生

告诉青年,任何行业只要做了选择就要坚持下去。常院士以建筑为纽带,亲身参与到历史文化的传承中,用双手让历史建筑"活在当下",令青年更加直观地感受到同济"严谨、求实、团结、创新"的校风。

"幽默""接地气"的演讲风格助推学校出圈。陈杰校长以在"宝藏大学"感悟脚踏实地与仰望星空为题,围绕"同济大学之六有"——有历史、有颜值、有温度、有朋友、有包容、有情怀,从师资力量、配套设施、校园环境、文化氛围等方方面面,向全国展示了一所实力与颜值并重的高校。40分钟的开讲时间里,陈杰校长用风趣生动的语言牢牢"抓住"青年的耳朵,既有"任职校长后做的第一件事是什么""同济颜值最高的是什么"等生活化提问穿插其中,又有同济大学被戏称为"同济人民公园附属大学"、按食堂大排的价格来论校友辈分等紧跟年轻人潮流的热词热梗活跃现场气氛,令观众捧腹不已。此外,陈杰校长还讲述了国家最高科学技术奖获得者、"中国肝胆外科之父"

吴孟超院士,中国隧道与地下建筑工程领域专家孙钧院士等知名学者的科研故事,展现了同济人服务国家重大需求,培养社会栋梁、专业精英的担当作为。经过陈杰校长的"现身说法",同济大学"与祖国同行,以科教济世"的"人设"给《开讲啦》粉丝留下了深刻印象。

二、聚焦学科优势,展现百年名校历史底蕴和发展前景

同济大学依托专业特色和优势,开展重点宣传。陈杰校长在《开讲啦》专门提到同济大学校园里的建筑多元化,借此说明同济大学文化的多样性;常青院士带着建筑学这一学校王牌专业登上讲台,与青年们分享他的建筑文化"记忆",体现出同济大学在助力历史文化常青中付出的努力。作为学校的优势学科,建筑学是一门凝聚科学和艺术、技术和文化结晶的学科,最能体现同济大学务实与浪漫的品质。

同济大学以建筑、土木、设计等专业闻名于世,校园里的建筑就像是学校的名片,不仅极具造型之美,还可见其历史底蕴。陈杰校长抓住这一特点,讲述道,同济的建筑楼宇不同于一般学校中单一风格的灰色教学大楼,每一栋楼的样式不同、颜色不同、结构也不同,穿行在各色楼宇之间,能看出同济开放包容的性格。建筑背后还有许多趣闻,例如,多位资历丰富的老同志主动帮助年轻人修改建筑设计方案,可见同济人对后学的关爱与提携。

常青院士化身风土建筑"再生工程"的"导游",带领大家挖掘建筑背后的历史内涵,将这门与现代性息息相关的学科追溯到中华文化的源头——《诗经》,阐述"建筑与风土"的关系。常院士首先以提问的方式串起月饼、成语等典型案例与建筑之间的关联,指引现场观众细细品味其中的艺术味道。跟随常院士的节奏,青年慢慢走进建筑的世界,看到"消失多年"的桑珠孜宗堡经过约6年时间的修复,重新恢复历史天际线;看到屈子书院一步一步建成今人想象中屈原所处时代的建筑;看到海南骑楼老街一改破败之景,"再生"为"一楼一色"的彩楼一条街……这些"新旧共生,和而不同"的历史建筑再生项目体现了同济大学教师扎实的专业功底和严谨的科研态度,也体现了同济

大学深厚的科研实力和厚重的文化氛围。

三、选取重要时间节点，把握好宣传同济品牌文化的"时度效"

6月既是高校的招生季，也是大学宣传品牌文化的良好时机，青年学子、家长纷纷把目光对准心仪的城市和大学，期待与理想中的大学双向奔赴。学校精准把握宣传同济品牌文化的重要"时机"，提前策划，深度挖掘有利于吸引青年学子关注的新闻富矿，将学校亮点展现出来。

有青年学生提问："同济的'人设'是什么？"陈杰校长说，同济的人设是"擎天柱"，是意志坚强、顶天立地、支撑起这个国家和民族未来的栋梁。作为一位大学校长，陈杰还分享了自己对于一流大学的思考。在他看来，一流大学不仅应该是世界上优秀学生最向往的地方、全球尖端人才的聚集地、拔尖创新人才的培养地和摇篮，还应该是科学发现与发明的发祥地、探索世界前沿的主阵地。在此基础上，陈杰校长结合信息技术发展日新月异的时代背景，介绍了学校未来会怎样培养人才，一是人工智能技术对传统的专业学科进行升级改造；二是采取大类培养的模式，打破专业界限，加强通识教育；三是大力建设智慧教室，推进课堂教学革命。

在节目中，陈杰校长非常注重对青年选报专业和生涯发展的引导。他真诚地邀请青年们来到同济大学，但也希望青年认真考虑，想好自己要走的路。在青年代表提问填志愿是否要参考所谓的"热门专业"时，他建议青年在选择专业时应该结合个人爱好、人生志向与国家需求，既要脚踏实地，也要仰望星空。

【思考与展望】

破圈传播是议题设置和主题宣传报道扩大影响力、唱响时代强音的关键。未来，学校可继续"借船出海"，利用《开讲啦》这类有流量、正能量、年轻化、全媒体的节目，宣传同济文化、打造同济"人设"。一是邀请有影响力的名师。依托主流媒体，邀请有影响力的名师大家亮相，推介同济百年底蕴和时代风采。二是聚焦新时期的"人设"。

充分挖掘新时期同济的新发展,营造新时期同济大学优势——工科引领带动、厚重理科融合推动、特色医科协同驱动、精品文科共享联动、前沿交叉创新互动的新人设。三是搭载易出圈的平台。瞄准大众关注焦点,精心策划传播内容,借力短视频让主流价值"火"出圈。

党委宣传部:喻娟、聂阳阳、莫文闻

银发知播,感动中国
——73岁同济"科学姥姥"点亮科普品牌

【核心阅读】

参与科普工作并发挥引领作用是高校教师的社会责任。2023年3月4日,吴於人教授与汪品先院士一同列为"银发知播"群体,获颁"感动中国"2022年度人物。一头花白的短发、身着一件马甲、架着副挂脖眼镜、说话干净利索的73岁同济大学物理科学与工程学院教授吴於人爆红网络,在各大自媒体平台拥有百万粉丝。退休前,她在同济大学讲授大学物理课程,同时致力于拓展科普事业。退休之后,她在网络平台开设账号——@不刷题的吴姥姥,给大家科普物理常识,把一个个晦涩难懂的物理知识,用视频演示的方式讲解得简洁生动有趣。吴於人教授被"粉丝"们亲切地称为"科学姥姥"。一股科普热开始流行起来,同济大学越来越多的科研工作者走到屏幕前,分享科普知识,他们用热爱、用心守护每一个年轻人的"科学梦"。

芳 华 绽 放

【做法与成效】

一、坚持十八年做科普,"要让孩子们不再怕物理"

神奇的电磁感应现象、自制验电器、模拟宇宙速度……视频里,吴於人通过实验演示各类趣味物理知识。2023 年是她做物理科普第 18 个年头。退休前,吴於人是物理科学与工程学院教授,她和团队搭档一起拿过国家教学成果一等奖,带出一众"高精尖"学生,其中不少奖项都是关于物理实验探索的成果,但在教学过程中她也发现不少学生对物理有畏难的情绪。

兴趣是最好的老师,为了让更多的同学走近物理、认识物理,吴於人和同事们建立了物理探索实验室,向上海市全市青少年开放。随后又在学校和相关部门的支持下成立

吴於人教授参与央视科普节目

了上海市青少年科技人才培养基地——同济大学物理实践工作站。尽管拥有先进的实验设备，但当时来工作站的学生并不多。为此，工作站创建了"假日物理俱乐部"亲子活动、"趣味物理竞赛"、"物理狂欢日"等公益活动品牌，吴於人开始思考教学方法，并进行专门课程开发，将物理知识变成了孩子们感兴趣、学得懂的东西。她说，也正是因为在工作站的实验积累，才有了现在各种创意的源泉，十分感激在同济工作的积淀，才让她更有底气更有信心做好每一次物理科普知识的生动传播。

二、致力人才早期发展，推进中小学物理素质教育

吴於人认为，孩子的好奇心、原始想象力和创新能力需要小心呵护，需要依据人的自然发育进程，进行德育和智育融合的教育。教师在科学研究实践的指导中需要关注学生的个性发展，培养他们的自信心、责任感和诚信品格，帮助他们拓宽视野、面对挑战、不畏挫折。

她和团队研究编写的《NEW 物理启蒙 我们的看听触感》《NEW 物理探索 走进声光力电磁》荣获上海市中小学、幼儿园优秀图书二等奖，进入学校推荐书目。与长期进行物理教学研究的大学和中学物理老师共同编写《迷人的物理之惑》，通过物理研究和应用的真实故事、前沿展望以及引入中学生的相关课题研究案例，引导青少年感受物理的魅力，引发他们质疑、思考与讨论，希望由此而兴趣盎然、思维跳跃，使研究课题自然而然地产生。

三、"不刷题也能学好物理"，通过新媒体推广物理实验

2010 年，60 岁的吴於人从同济大学退休后仍然专注于青少年的科普教育。随着短视频平台的兴起，她找到了新的传播形式。接连出了几个"爆款"视频后，吴於人也遇到了一些难题："做短视频科普与给学生上课有很大的不同，如何在短时间内将一个知识点讲透彻？"

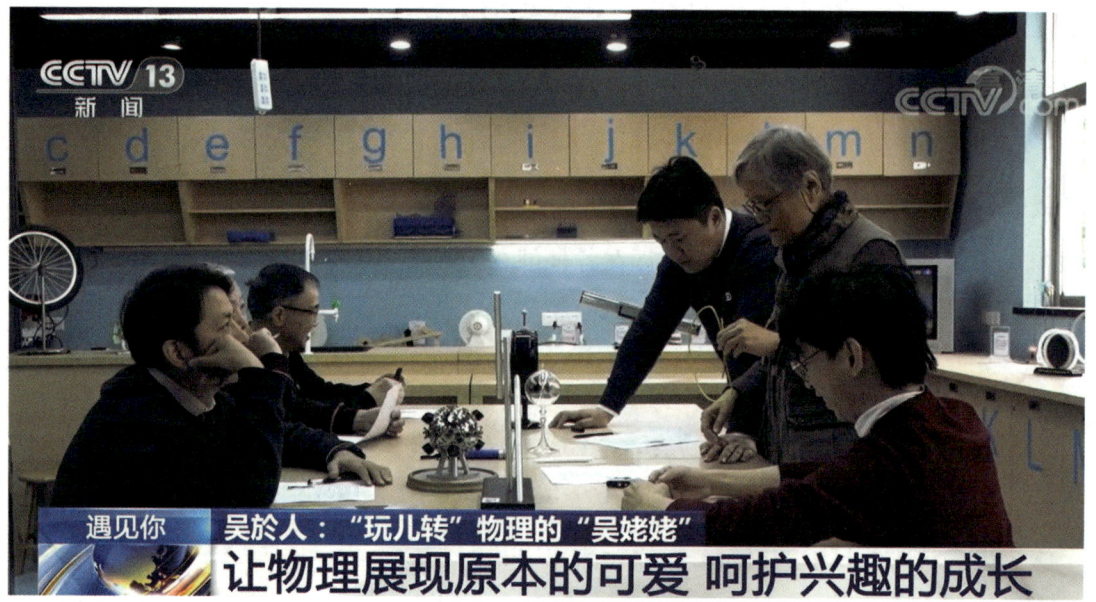

吴於人教授与团队师生设计科普实验

　　为此，她在实验器材选择上更贴近生活，例如用铁锅演示天眼，用扫帚模拟太空中的宇宙射线，在她手里，鸡蛋、花生、硬币等都能成为实验用品，将复杂的物理知识，演示得一目了然。这些"脑洞大开"的道具，总是会在吴於人的马甲里出现，而这样满是口袋的马甲她还有很多件，伴随着她的教学实验生涯，已经穿了几十年。

　　吴於人教授的科普短视频平台科普作品用户点击量突破3亿次，科普事迹被超过200家媒体争先报道，包括人民日报、新华社、中央电视台、光明网、上海卫视等核心媒体，粉丝突破600万。她多次登上央视节目开展科普直播，并受邀与天宫连线，在"天宫课堂"与广大青少年在地面同步尝试开展相关实验，从天地差异中感知宇宙的奥秘、体验探索的乐趣。

　　在"感动中国"2022年度人物颁奖词中，吴於人教授寄语年轻人"要永葆好奇心和想象力，去探索这个世界的奥秘，在科学的道路上开启更多可能"。她说做科普是自己的责任，她希望不仅仅向年轻人传递关于物理和物理学家的知识，更重要的是，培养年轻一代对物理学科的好奇心、研究欲、自信自强的精神，让更多的人认识到物理的魅

吴於人教授参加"天宫课堂"第一课地面同步讲授

吴於人教授获评"感动中国"2022年度人物

力，领略到科学世界的乐趣，这些努力就都是值得的。她说："只要还有精力我就会一直做下去。"

【思考与展望】

近年来，同济大学结合学科优势积极推进科普工作，通过科普基地和互动场馆建设以及创新实践工作站建设，搭建了各类科普平台，推出一系列有影响力的品牌科普活动，让广大中小学生领略到科技的魅力，触摸到科普的温度，体验到科创的快乐。同时，发挥汪品先、吴於人等老一辈专家的榜样示范作用，引领一批年轻教授走上科普讲台，这一举动深受社会好评，如周征宇教授细读玉石文化、刘悦来教授讲述的城市建筑文化等，使科学传播惠及大众、深入人心。未来，学校将进一步推动校内教授专家积极参与科普创新工作，为培养青少年科创兴趣，营造人才辈出的社会生态，推进原始创新、推动科技自立自强贡献同济力量。

党委宣传部：聂阳阳

《听 Ta 说》，在云端创新"四史"学习教育

【核心阅读】

针对师生理论学习入脑入心的效果有待进一步提升的问题，同济大学融媒体中心坚持以落实立德树人为根本任务，加强组织领导，注重协调联动，突出载体创新，打造了原创移动直播品牌《听 Ta 说》。《听 Ta 说》分为"传统文化""科学素养""人文情怀""红色能量"等多个栏目，把常规的校园文化活动和空间"搬迁"到网络世界，在网络空间弘扬传统文化、革命文化、社会主义先进文化。《听 Ta 说》播出后，激发了广大青年爱党爱国的热情，凝聚了同舟共济的正能量，获得校内外广泛关注。

【做法与成效】

一、云端创新"四史"学习教育，让课堂变得更有温度

同济大学融媒体中心的《听 Ta 说》"红色能量"栏目以学思践悟习近平新时代中国特色社会主义思想为主线，立足长三角的丰富红色资源，创新"四史"学习教育载体，通过优秀的专业老师沉浸式体验式讲解，让师生于云端"亲临"各类场馆和场景中探究红色故事的来龙去脉，体验感悟背后蕴藏的革命传统和时代精神，引导广大师生知史爱

党、知史爱国、厚植教育报国情怀，努力成长为担当民族复兴大任的时代新人。中心与沪上红色场馆联合设计策划形式多样、青年人喜闻乐见的学习方式，把"四史"学习教育贯穿系列主题活动的始终，共同打造全媒体时代的网络育人新模式。

首讲《回到起点》在中共一大会址纪念馆开播。当天，中共一大会址纪念馆副馆长（主持工作）徐明、2020年度全国辅导员年度人物张桁嘉以及马克思主义学院专业教师分别从不同的视角，讲述中国共产党走过的光辉历程，重温共产党人的初心使命。《听Ta说》还结合各重要时间节点，先后在新渔阳里团中央旧址纪念馆、二大会址纪念馆、四大纪念馆等处实地邀请场馆领导和相关专家进行直播讲解，还邀请遵义会议纪念馆、井冈山大学的相关专家为师生们在线讲解，每场都吸引十余万人次在"云端"观看与互动。

各场馆负责人表示，相比往日人头攒动的纪念馆，线上直播不仅扩大了受众群，让更多网友走进中共一大会址、了解党的历史，更使他们的参观体验得以提升，更加真切地学习了解中国共产党波澜壮阔的历史，从而激励青年不忘初心、牢记使命，永远爱国奋斗。

《听Ta说》"四史"学习教育系列讲座海报

二、个性定制内容，让知识变得有趣起来

当课堂遇到直播和短视频，抽象的知识变得更加生动有趣起来。在"传统文化""科学素养""人文情怀"等栏目中，中心有针对性、有计划性地邀请校内相关领域的大咖名家，化身"网红主播"精彩开讲。有中国赛道设计第一人姚启明博士讲述汽车运动前世今生，有景观设计学者刘悦来教授揭秘来自一颗种子的力量，还有精神科医生赵旭东解读神奇的心身医学等，这一次次线上开课，让更多的人可以通过直播就能真切地领悟到学习的魅力。中心还邀请昆曲名家谷好好、京剧名角李佩红等大咖亮相，担当数期"网红主播"，为青年学生带来全新的传统文化艺术体验。

其中，同济大学宝石及工艺材料实验室主任周征宇副教授多次做客《听Ta说》直播栏目，在玉石博物馆开讲"中国玉石及玉文化鉴赏"课程，中国玉雕泰斗、中国工艺美术大师吴德昇曾作为嘉宾现场讲解玉雕艺术。30多万人在多个平台实时观看了节目，不仅深入了解了玉文化的传承与发展，更身临其境地观赏了玉雕工艺流程，这也为当代

《听Ta说》系列主题直播海报

大学生树立文化自信提供了良好的范本。

直播在同济大学官方B站、抖音、快手、微博和人民日报客户端、新华网、"央视频"等各大校内外平台全平台推送,覆盖学生、老师、校友和家长等不同人群,引发广大受众的热烈反响,使得各类知识的传播呈现出新的生机和活力。

三、完善沉浸体验,让学习变得更有意义

每一次开讲前,团队都会精心布置实景"课堂",除了各大历史场馆等,老师们纷纷将课堂放在赛车场、实验室、田野间、医院等地,通过细致入微、接地气地授课,让更多的人发现学习是一件有意义的事情。"讲得真好!""感觉好像身临其境,太棒了!""我们要不负青春韶华!""志存高远,担负起时代使命!"等弹幕在直播屏幕上源源不断闪现。师生跟随移动镜头在线参观,聆听讲述,近距离地感受直播场景中的一件件珍贵的展品,不仅收看点赞,还可以实时提出很多互动问题,师生主播也会一一反馈,超越时空限制。用青年群体更容易接受的方式和手段,拉近师生和知识的距离。

在一次由环境科学与工程学院杨殿海教授开讲的课程中,杨教授云端揭秘科学的奥秘——污水如何变清泉。他将课堂放在污水处理厂内,完整地讲解了"污水的产生、去向和再次利用"问题,让人们真正认识到计划用水的必要性、节约用水的重要性、浪费

《听Ta说》沉浸式直播现场

水的危害性、破坏水的危险性、缺水的严重性。课后,杨教授看到满屏都是"节约用水""节约打卡"的弹幕,他连连点头欣慰地说道:"这堂课,值得了!"

【经验与思考】

《听 Ta 说》栏目目前已开讲 50 余场,共有近五百万人次通过各直播平台在线收看,取得如此成绩,主要有以下经验:一是创新讲述形式讲好思政课,结合"四史"学习教育,用好线上线下红色资源,引导教育广大青年爱党爱国;二是在丰富学习内容上着力,在人文、科学和文化等栏目中,给予学生内容丰富、形式新颖的学习体验;三是打造沉浸式学习场域,超越时空界限,让知识更易被接受。未来,同济大学融媒体中心将坚持以厚植人文情怀,提升科学素养为目标,继续通过直播的形式深入挖掘丰富的历史、文化、科学等题材,以年轻人喜闻乐见的形式,用自己的视角、语言、体验和方式进行网络创作,特别是结合进一步引导师生深刻认识自身的时代使命和责任担当,以小我融入大我,砥砺奋进、报效祖国,为"两个一百年"奋斗目标和中华民族伟大复兴的中国梦贡献同济力量。

党委宣传部:聂阳阳、莫文闻

芳 华 绽 放

"数学外卖",打造学业帮扶"助学云平台"

【核心阅读】

学业发展是大学生的第一发展诉求,也是体现高校人才培养质量和办学水平的重要指标。同济大学立足新工科建设探索,充分发挥数学公共课支撑工科人才培养的传统优势,以学生学习发展规律为遵循,以数学类公共基础课程学习为内核,聚焦大学生学业辅导需求,打造"数学外卖"助学服务项目,并依托 B 站、公众号、社群等媒体网络,传播同济数学声音,解决了校内外学生数学基础课程的学业困难。

【做法与成效】

一、聚焦需求,形成品牌

同济大学"数学外卖"自 2016 年成立以来,聚集近百名优秀"学霸",通过答疑解惑、定制辅导、云端微课,构筑"线下—社群—云端"的助学产品格局。

(一)聚焦差异化需求,构建三重服务模式

"线下数学"聚焦学业辅导,形成以"Math 外卖店"——送课上门、消除挂科,"Math

"数学外卖"线下活动

放映厅"——专家讲课、公众普及,"Math 急诊室"——定点答疑、消除难题为核心的三重服务模式,每年举办线下教学活动近百场,服务全校师生近万人次。提出"数学圈子"概念,建立共学社群,营造学习氛围,依托微信社群建设数学学习的共学讨论平台,每晚九点助教准时上线答疑,现已形成高数共学社群 2 个,近 3000 人;线代共学社群 1 个,近 1000 人;概率共学社群 1 个,近 400 人。"云端数学"通过线上网课、学习资料包等多种形式,整合学霸、专业教师、研究生助教等多重角色,开设"一题,撬动数学""优师微课"等云端资源,实现"随处可学"。

(二)构建学习共同体,保持群体活跃度

如何保证学业帮扶产品粉丝的活跃度,保证主题和内容被持续关注?项目充分发挥了互联网平台的交互功能,建立了 QQ 讨论群、微信讨论群,粉丝在群里对问题进行讨论,通过社群打卡,形成学习共同体,保持群体活跃度。同时,"数学外卖"设置了多维立体的产品链条,既有线上的网课平台,又有线下的服务课程,通过全方位的助学服务产品,构建交流沟通方式。数学外卖项目获得光明日报、文汇报、青年报等多家主流媒体的报道,学业帮扶工作作为重要内容之一参与教学教改项目,获评上海市教学成果特等奖,并参与国家级教学成果奖申报。

二、开拓阵地,形成"学播"

(一)加强顶层设计,主动开展网络布局

信息化时代,网络平台有很多素材,碎片化的信息,如何抓住学生的兴趣点、在合适的时间选择合适的课程主题开始创作,需要对学生需求敏锐地把控和了解,有针对性地进行设计。同时,准确的选题需要匹配合适的形式、合适的平台,这些问题都是前期顶层设计可能遇到的问题。项目聚焦需求、选择优势平台,进行有层次、有设计的网络作品布局,希望通过优质课程、优质资源,传播同济影响力。

(二)抢占网络阵地,打造朋辈"学播"资源库

以碎片化、高密度的方式,邀请朋辈"学霸"录制视频,开设"一题,撬动数学"系列网课,用一个短视频讲述清楚"一个概念"的细枝末节、"一个章节"的知识脉络、"一类问题"的处理思路,通过"短、新、精、准"打造优质"学播"。助力课后学习,邀请专业老师担任主播,开设"优师微课"系列栏目,通过20分钟左右的短视频扩大学生知识储备,通过定理阐释、解题方法、概念应用等内容,激发学生新想法、新灵感、新思路。建立共享机制,打造"同数理想"资源库。针对生涯规划、学业指导,将"学长学姐分享会"线下活动成果进行提炼,形成《同数理想》共创手册,聚焦保研、考研、出国境、就业等话题,汇集众多优秀学生的经历与经验,搭建保研、留学、考研、就业四大板块的共创平台,形成成长指南。

"一题,撬动数学"自2019年9月上线,形成131个网课视频,吸引1.8万粉丝关注,视频播放总数达30万人次,单条最高播放量达1.8万人次;"优师微课"系列课程在B站、学习强国、抖音等平台投放,累计播放量近百万人次;"同数理想手册"形成上万字学业规划指南,累计阅读量近万人次。

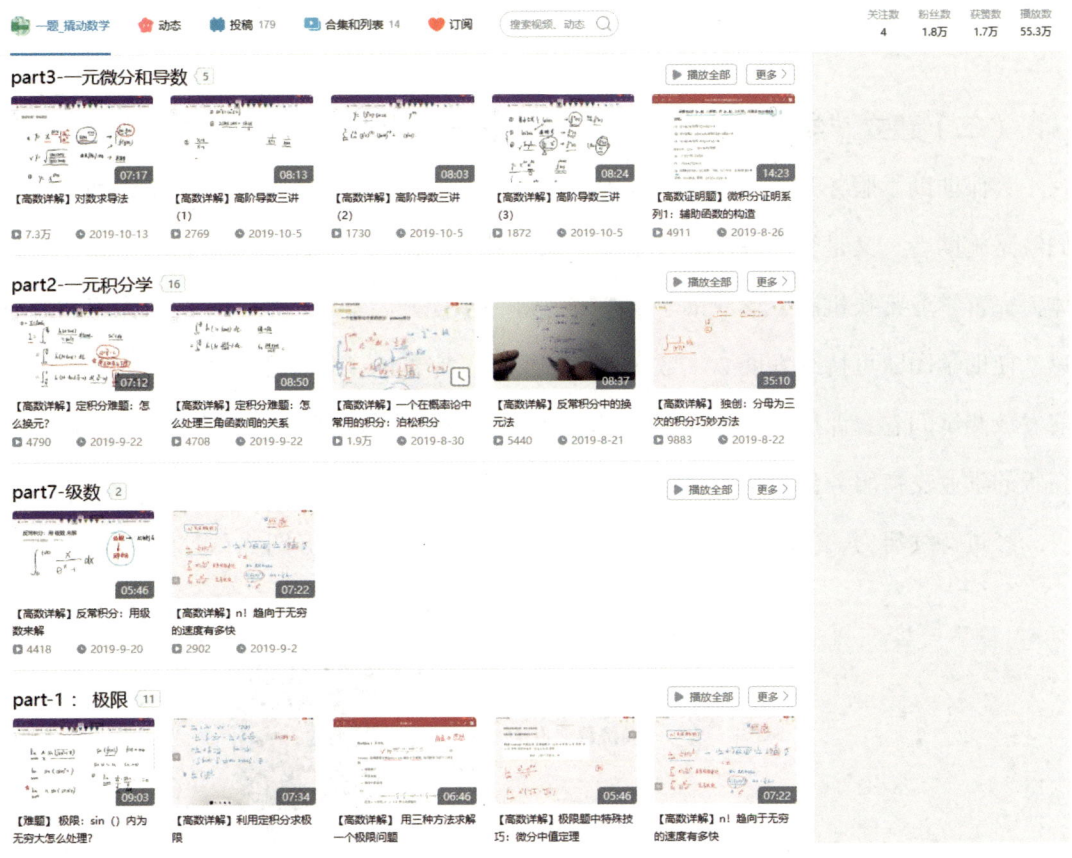

"一题,撬动数学"课程界面

三、构建团队,持续发展

(一)切中"学霸"需求,保证内容供给

如何保证学业帮扶的课程、内容源源不断,让项目具有持续性和生命力?"数学外卖"关注到另一个学生群体——"学霸"的隐性需求,即专业知识的运用和价值感获得。"数学外卖"搭建了朋辈互助的育人平台,邀请"学霸"担任讲师,利用业余时间梳理知识点,使其一方面能对知识点加以巩固和应用,另一方面能通过"公益行动"获得成就感与价值感。切中了"学霸"们的需求之后,内容的供给困难大大下降,随后,学院开源共创,邀请专业老师、学长学姐入驻平台,扩大"内容供应商"。这一支优秀的学

业帮扶朋辈导师队伍,是学业支持体系中的重要力量,也是优秀网络文化作品的生力军。

(二)建立"学霸"共同体,打造优质帮扶队伍

为保证助学服务开展,"数学外卖"精挑细选优质"学霸"担任"学生讲师",他们既是施助者、又是受助者,通过集体备课、讲义制作、授课培训等打造"学霸"共同体,完善学业帮扶机制,形成助学反馈链,进一步提升"学霸"共同体的认同感和成就感,使助学团队可持续发展。"数学外卖"形成了完善的工作流程,以学生为中心,课前发放测试问卷、课后倾听反馈、编写辅导讲义,逐步形成针对不同对象的基础款、拔高版的学业支持服务包。

经过持续努力,"数学外卖"助学服务荣获同济大学"青年五四奖章"集体(仅5项)、

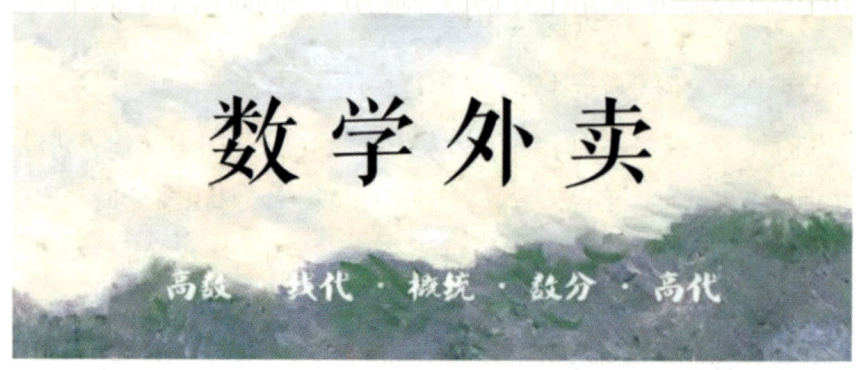

同济数学青年官微

推荐申报上海市"青年五四奖章"集体,"数学外卖"助学服务团队荣获同济大学优秀志愿服务项目和优秀志愿服务组织。

【思考与展望】

"数学外卖"是有组织地开展学业帮扶、涵养优良学风的优秀案例,可以为其他学科和课程的学业帮扶提供有益借鉴。一是整合多方资源,构建"全员参与"的学业支持格局。发挥资源整合优势,积极联动专业教师参与,形成网课、领学、答疑、报告等多种形式的专业教师参与机制;建设朋辈导师队伍,以数学外卖讲师团为核心,形成校内"'学霸'共同体",在全校范围内形成优良学风氛围。二是响应学生需求,构筑"全过程关注"的学业支持体系。回应学生学业发展需求,注重顶层设计,横向形成"线下—云端—社群"的三级服务产品,纵向关注不同学生群体需求,既面向普通学生,又针对"学霸""学困"学生,形成不同内容的帮扶工具包。三是持续迭代升级,形成"全方位供给"的学业支持产品。抓住互联网特点,挖掘多方需求,从线下辅导到互联网社群再到 B 站"学播",通过不断升级迭代,形成适应性强的助学服务解决方案。

数学科学学院:赵盈、彭婧、陈锦源

芳 华 绽 放

强化"微公益"理念,探索公益传播新模式

【核心阅读】

　　以润物无声的方式传递主流价值观,在立德树人的同时向全社会传播正能量,引领新风尚。"上海大学生公益广告大赛"始创于 2014 年,是由上海市精神文明建设委员会办公室、中共上海市教育卫生工作委员会、上海市教育委员会联合主办,同济大学承办的面向全国大学生的竞赛活动。八年来"公益广告大赛"一以贯之地秉持"微公益"理念,引导大学生从身边微不足道的小事着手,以小见大、贴近社会地创作公益广告作品,让微公益这股"暖流"在大学校园弥漫,并通过多种形式的展示把这把"火"烧向全社会。

【做法与成效】

一、打开门来办大赛,积极搭建公益广告共同体

　　2017 年 12 月,同济大学联合复旦大学、上海交通大学等沪上 16 所热心公益广告事业的高校成立了"上海市大学生公益广告育人联盟",就大赛征集、课程思政、实践育人、作品推广等方面展开协作,搭建了较为广泛的公益广告"共同体"。在上海大学

上海市大学生公益广告育人联盟在同济大学成立

生公益广告大赛举办过程中，各高校结合自己的专业特色在大赛研讨会、推进会上积极建言献策，为大赛各项制度完善和工作顺利开展提供了智力支持。每年在3～5所高校举行的优秀作品巡展也得益于育人联盟高校的牵头承办，将"共同体"落到了实处。

大赛还打破了高校与业界、媒体之间的藩篱，建立了一支由高校学者、著名广告人、设计师和媒体人组成的多元化专家队伍，确保了专业化、科学化和规范化的大赛组织和评审制度的建立。上海市精神文明建设委员会办公室、中共上海市教育卫生工作委员会、上海市教育委员会、上海市教育发展基金会、上海市广告协会等单位，多次对各类工作进行了指导。高校既有广告类学者参加指导，也有设计类专家加盟；业界则有一大批国内顶级广告人助阵；媒体则有上海地铁公共文化发展中心、上海广播电视台东方广播中心、上海教育电视台、东方明珠移动电视、《中国广告》杂志社、"设计在线"网站等单位的代表参加。正是因为坚持打开门来办大赛，建构广泛的公益广告共同体，汇集了多方积极力量，上海大学生公益广告大赛一举成为沪上品牌大学生竞赛活动。

二、优化办赛程序，在大学生中厚植崇德向善情怀

大赛坚持"以学生为中心"，聚焦学生成长，不断提升大赛服务功能，在促进学生创新实践能力提高的同时，厚植崇德向善的情怀，传播公益文化。2020年9月1日，同济大学邀请了长三角20所高校代表召开了"长三角青年教师线上座谈会"，交流各高校公益广告课程思政的经验，积极探讨大赛程序的科学化和合理性。经过多年探索，大赛在程序上坚持了以下三点。

第一，在主题设定上，紧紧围绕"微公益"展开，引导大学生从细处着眼、关注当下，心怀公益、回报社会。近年来"弘扬社会主义核心价值观""保护中华传统文化""践行上海'新七不'规范""防止沉溺手机""垃圾分类""节约粮食""生态文明"等十分接地气的公益主题，既与大学生生活息息相关，又反映社会关切、彰显时代精神，获得了年轻学子们的积极回应，产生了一批创意与表现俱佳的作品，引起了良好的社会效应。

第二，在"宣讲会"环节，每年邀请10名左右业界专家进校园传经送宝，带来公益领域鲜活的行业资讯，也分享广告人创意理念和胸怀天下的情怀，点亮大学生公益创

2021年11月23日，公益广告大赛训练营在上海教育报刊总社开营

作的热情。

第三,在"创意训练营"环节,将每年初评入围作品的作者集中起来接受集训。学员在训练营上不仅可以享受创意大咖带来的脑力激荡,还能与行业内实战经验丰富的专家面对面,获得师父带徒弟式、手把手的作品辅导,不断精进创意思维,提高作品完成度,也接受专业精神的熏陶和感染。这些举措使得大赛不仅是创意和设计类专业的竞赛活动,更是践行社会主义核心价值观、培育新时代社会公德、专业精神的平台,真正做到了既"教书"又"育人"。

三、推动广告作品对外展播,提升公益影响力

同济大学承办的"公益广告大赛",在评奖、颁奖完成后最有特色的对外展播部分才正式揭开序幕。这不是一般的"作品展览"或者新闻报道,而是将同学的优秀作品直接投放校内外各类的广告发布平台及媒体上,与大学生真实的生活情境发生互动,完成了从"广告习作"到"广告作品"的转变,大大提高了大学生的专业自豪感和学习兴趣,也促进了公益理念的推广和公益文化的传播。

2021年3月26日,大学生公益广告作品在学校大屏幕展播

芳 华 绽 放

同济大学学生在地铁车厢与自己的作品合影

大赛优秀公益广告作品在地铁 10 号线列车上移动展出

在校内，通过同济大学各校区大屏幕滚动播出，各个食堂、四平路校区和平路宣传栏、嘉定校区朋园宣传栏张贴等形式，集中展示了学生创作的节约粮食的公益广告作品；疫情期间则在同济大学、艺术与传媒学院官网、微信公众号上展播学生创作的抗击疫情主题的公益广告作品。在校外，大学生创作的优秀公益广告作品在上海地铁 9、10、15 号线开设的"公益广告专列"上展示，每日人群覆盖以几十万计数；东方明珠移动电视近 7 万个移动终端滚动播出大赛的专题片和部分视频公益广告作品，每日覆盖人群逾 1500 万；优秀公益广告平面作品在分布于上海各地的 100 个公交站牌上展示；上海教育电视台播出近一个小时的公益广告专题片；部分优秀公益广告作品在中国第一本广告类杂志《中国广告》上刊登，向广告行业充分展现当代大学生的风采。

基于大赛还出版了一系列《上海大学生公益广告大赛优秀作品集》，赠送给参赛的学生和部分高校图书馆。校内外的这些展示，使得公益理念在校园内外传播，为全社会注入一股公益的暖流，温暖人心。

【思考与展望】

未来，学校将充分运用"公益广告大赛"这一平台，联合兄弟高校一起将公益理念深植大学生的学习和生活当中，在立德树人的同时向全社会传播正能量，引领新风尚。一是继续强化"微公益"理念，将宏大叙事融于细微之处。将"微公益"理念细化到学生生活、学习的方方面面，培养学生思想道德品质、奉献精神和公益意识，树立正确的人生观、世界观和价值观。二是坚持"以赛促学"，激发学生公益热情和学习动力。引入业界、学界、媒体大咖进校园，加强互动，拓宽学生视野、传播先进设计理念，引导更多的大学生了解公益、关心公益、传播公益，提高同学们投身公益广告创作的热情，激发学生学习的内生动力。三是持续探索"大赛动员学生、学生传播公益"的公益传播新模式。广泛动员大学生接受公益理念，投身公益主题的设计创作，从"受教育者"转变为"教育者"，实现"自觉""觉人"的统一。

艺术与传媒学院：鲁普及、梅明丽

芳 华 绽 放

携手并肩同行，推动大中小学校文化一体化

【核心阅读】

深入推动大中小学校文化一体化建设，让同济精神、同济文化在附属中小学师生中生根发芽。同济大学进一步提高政治站位、加强系统谋划，注重协同育人，积极投身于大中小学校文化一体化建设。学校强化对"循序渐进、螺旋上升"原则规律的遵循，注重将阵地前移，让附属学校主动对接，形成了中学、小学等不同学段对大学文化的传承。同时，学校内化于附属学校育人理念、外化于各类校园文化实践活动之中，勇当教育先行者、争做新时代排头兵。

【做法与成效】

一、着力推动同济文化影响力向附属学校延伸，强化文化熏陶、环境育人

同济大学注重聚焦育人导向的文化建设思路，围绕弘扬"同舟共济"的同济精神和"同济天下、崇尚科学、创新引领、追求卓越"的新时代同济文化，做好各附属学校的同济文化建设，进一步体现文化熏陶。

同济大学基础教育合作办学管理委员会办公室牵头制定了附属学校文化环境设计导则,充分梳理同济文化资源,并提供校园12处场景作为附属学校文化环境设计落位空间,打造具有同济共性和鲜明个性的附属学校校园环境,并指导各附属学校立足实际,融合以总体风貌规划的"面"、以校园文化脉络的"线"和文化空间节点的"点",包含历史之路、文化之路、生态之路、活力之路,融入同济发展历程,在环境布置中对同济精神、同济文化进一步展示和诠释。

同济大学附属实验中学联合同济大学城市与规划学院设计的真实学习情境户外实验室"生境花园"落成,既科普了生态知识,又激发了学生勇于探索自然、改造自然的勇气,激发"同舟共济、自强不息"的奋斗精神。新成立的同济大学附属新江湾城实验学校在校园建设中体现以人为本,在文化建设上充分融合同济元素,突出教师和学生的主体地位,兼顾使用功能和育人功能,充分利用"廊、桥、道、池"等户外空间融入"同舟共济、扬帆远航"的理念。同济大学第二附属中学在建校20周年之际,在校园户外增设了新时代同济文化板块,在教学楼走廊布置了同济大学两院院士介绍并丰富了同济大学历史介绍,使二附中师生对同济历史发展进程进一步了解,增加了同济的身份认同。

2023年7月3日上午,同济大学2023年中学生科技夏令营开营仪式举行。来自6所同济大学附属学校和合作高中同济实验班,及托管县中的近260名中学生齐聚一堂。夏令营基于同济大学的优势专业和学科方向,此次夏令营为中学生搭建了解学科前沿、拓展科学视野和培养前瞻性思维的分享交流平台,旨在激发学生的求知意识和开拓创新精神。

二、注重多样化活动牵引,搭建大中小学校文化融合平台

同济大学注重搭建文化平台,开展多样化活动,使大中小学校文化建设进一步融合。

"同济文化进附校传承与创新专项"活动组织者,将"同济大学服务新中国建设70周年展""李国豪诞辰110周年纪念展"等主题展览在附属学校进行巡回布展,编印和发布"同济故事""红色同济任务"等高校办学史上的优秀文化内容,用图片、漫画、

芳 华 绽 放

同济大学中学生科技夏令营

动画、案例VR等方式，实现同济文化在附属学校的生动表达，充分发挥文化育人在推进思政一体化中的浸润作用。在中国共产党成立99周年前夕，同济大学联合中共一大、二大、四大纪念馆举办的"启航——中国共产党早期在上海史迹展"在大学校区展览后移至各附属中小学校进行展出，为大中小学校的师生们提供了"四史"学习教育的生动历史教材，将优质党史教育资源通过大学又引导到各附属学校。每学年组织附属学校新进教师走进同济大学，追随同济百年来的风雨历程，倾听同济大学的红色故事，学习同济大学的革命历史，感受同济大学的革命精神，传承同济大学的红色文化，激励同济人自强不息、砥砺奋进的精神。

坚持发挥大学学科优势，推动工程类学科的立体展示，充分发挥优势学科的溢出效应，每年度在附属学校开设超过400学时学科选修课程，将课程思政与学科德育理念、文化育人的目标渗透在课程建设中，提升了课程育人的实效性。利用寒暑假开展"科技夏令营、冬令营""走进同济"校园体验日等，带领附属学校的同学到同济大学校史馆、

京昆艺术走进附属中小学

博物馆、大礼堂、图书馆、振动台、风洞实验室、多媒体实验中心等标志性场所参观体验，通过实验学习环节，充分感受学科魅力，通过了解校史、聆听讲座、参观学科实验室、与同济学子对话等形式，真实体验大学生活，充分感悟同济精神，树立远大志向。

同济大学将各项艺术类活动向各附属中小学延伸，邀请其参与其中，在"弦歌不辍 济向未来"同济大学建校115周年青春云歌会、同济大学民乐团"济语国乐、一路弦歌"音乐会展演、"唱支山歌给党听"同济人唱响时代最强音、"永远跟着党走"同济大学庆祝中国共产党100周年师生合唱、"济梦百年新征程"同济大学艺术节开幕式、"诗传家国情 词系天下心"长三角诗词大会展演等大型演出活动中，各附属学校精心准备、表演精彩，深受大学师生欢迎。

三、聚焦亮点文化"名片"，打造大中小学校一体化特色文化品牌

同济大学着力打造特色文化品牌，形成亮点文化"名片"，将大中小学校文化一体化推上新台阶。

同济大学联合中国昆曲博物馆、教育部中华优秀文化传承基地（京昆），引入了"中国昆曲艺术文化特展"，并在同济大学第一附属中学举行了"昆曲进校园、国粹代代传"中国昆曲艺术文化进校园主题系列活动，通过主题展览、专家讲座、艺术课程、现场学唱等多维融合的形式，让一附中学子深入感受昆曲艺术的博大精深，感受中华优秀传统文化的魅力，指导教师在教授技艺之余，以昆曲之美为切入点，结合个人实际讲述从艺过程中的吃苦练功、流汗流泪的成长经历，阐释"台上一分钟，台下十年功"的真正内涵。昆曲进校园活动让国粹在大中小学校园里代代相传、历久弥新、发扬光大，体现了对中华传统文化的传承，体现了大学和中小学对美育工作的探索一脉相承。

同济大学嘉定基础教育集团在安亭镇区域内建设大中小学美育一体化试验区并举行研讨会，在区校战略合作框架下，发挥集团化优势，依托相关艺术专业和学生艺术团，以"大学牵头、共同参与"的方式，为嘉定环同济区域内中小学艺术开展师资队伍培育、

中国科学院院士、海洋地质学家汪品先院士做客"十四岁集体生日会"

联盟化学生艺术团队建设、师生艺术修养活动等项目，激发学生的艺术兴趣和创新意识。试验区全面推动文化建设更进一步，举办教师工作坊，聘请专家定期指导；在同济大学嘉定基础教育集团学生艺术团队的基础上邀请环同济基础教育联盟校和学区内的学生共同参与，组建区域性学生艺术团队；将原有大学美育课程进行线上线下形式的开放，并通过体系转化，打造适合中小学生的艺术基础课程、专业进阶课程、美育素养课程等公开课程群，并组织高水平艺术观摩，为各校师生提供到大学、专业音乐厅进行艺术观摩、参演高水平音乐会的机会。

同济附属实验中学、小学合唱团利用周末、期末微课、寒暑假时间排练，坚持体能锻炼，学习不同民族的音乐文化，体验中外丰富的音乐风格，在音色、表情与肢体的新要求上一直探索，追求完美，不断进取，不断发展壮大，通过努力成功加入上海市学生合唱联盟。

每年秋季开学季，同济大学校领导都会到附属中小学各校出席新学年的开学典礼，向附属学校师生送去同济大学文创作品，既作为新学期的激励，又能使师生从内心深处增加身份认同，积极进取。

芳 华 绽 放

上海学校依托课程思政育人体系深入推进党史学习教育现场活动在附属实验小学举行

【思考与展望】

面向未来,同济大学将继续深入推动大中小学校文化一体化建设。一是注重深度融合、有效整合,在发挥资源优势上持续用力。利用大学的学科优势、课程优势、环境优势、师资优势为附属中小学文化建设创造条件,使学科力量和已有成果向中学小学延伸,动员大学专业教师力量指导中小学的文化建设,运用思政课传承和弘扬优秀文化,合理优化不同学段文化建设的侧重点,实现思政育人和文化育人目标。二是用好同济品牌、同济名片,在全面打造文化环境平台上持续用力。注重文化宣传与活动体验相结合,将文化环境建设、文化氛围设置以更贴近学生的方式融入日常学习生活中,让大学及附属学校学生近距离感受文化之强、艺术之美。打造内涵丰富、形式多样、组织规范的文化建设品牌活动,使大学、中学、小学的学生都能更加积极踊跃参与其中。三是润物无声、春风化雨,在推动文化—体育人落地上持续发力。充分结合"大学阶段重在增强使命担当、高中阶段重在提升政治素养、初中阶段重在打牢思想基础、小学阶段重在启蒙道德情感"的阶段性目标,全面打通大中小学文化一体化各节点,形成组团式试验区和可复制的经验,在各附属学校推广,打造文化软实力,从小学到大学,实现文化育人的一脉相承。

基础教育合作办学委员会办公室:卢野、蒋亦秋

芳 华 绽 放

加强文化国际交流，在多元文化交流互鉴中增强文化自信

【核心阅读】

新时代中国有能力也需要向世界讲好中国故事，这是世界对中国的需要，也是中国作为负责任大国的担当。向世界讲好中国故事，必须充分认识文化的差异性，在差异性中寻找中国故事与所在国故事的共同点，以同求同，然后以同传异，最后以异融同。同济大学发挥国际化办学优势，积极推动中华文化传播，引导师生在多元文化交流互鉴中增强文化自信，也为世界文明发展作出贡献。

【做法与成效】

一、积极传播中华语言文字和语言文化

学校依托先后承办的日本樱美林大学孔子学院、德国汉诺威孔子学院、韩国庆熙大学孔子学院、意大利佛罗伦萨大学孔子学院，以及日本高岛孔子课堂、日本立命馆大学孔子课堂，做好中华优秀传统文化推广和传播，年均汉语课学员超过1万人，各类文化活动参与上万人次，充分发挥了学校国际化的传统优势，以语言促进合作，以交流推动

文化融合共生，系统介绍中华优秀传统文化，多次受到国家汉办表彰。

2018年发起成立"一带一路"语言文化传播校企联盟，积极争取社会资源，推动语言文字产学研一体化，服务国家战略。五年来，主办"一带一路"语言文字交流与传播高峰论坛15次，打造"汉语国际传播论坛""汉语科技融合创新平台系列讲座"等学术讲座品牌，吸引相关领域超过3300余名海内外专家学者参会。出版"中华文化国际传播系列丛书""'一带一路'与中华文化国际传播系列丛书"等专著、译著、教材教辅书共计35本，其中在国外出版专著5本，形成了国家语言文字传承推广的"同济经验"。

精心设计"感知中国"活动，用好红色文化、传统文化、当代文化等育人资源，面向留学生展示真实、立体、全面的中国。2021年10月，"熊猫叨叨"国际学生讲中国故事团队在中国国际"互联网+"大学生创新创业大赛上获奖。同学们将自己在中国学习生活的亲身经历拍成视频，通过社交媒体与亲人朋友们分享，向世界展示真实的中国。

二、通过文化交流项目弘扬中华文化

五年来，学校多次在境外友好学校开展"同济日"活动，在介绍学校发展状况的同时，积极推广中华优秀传统文化。2018年，在中国驻佛罗伦萨总领事馆大力支持下，学校携手上海京剧院等合作主办"京剧走进意大利佛罗伦萨"公益文化系列活动。3D电影《霸王别姬》在佛罗伦萨首映，京剧表演艺术家讲解京剧艺术，同济学生在佛罗伦萨大中学课堂献唱京剧，以中国大学的国际文化传播平台为载体，进一步开拓中华文化传播、向世界观众讲述中国故事的途径，是深入推动中外人文交流与发展所作的又一积极探索。

学校还依托大学生艺术团海外交流等项目，传播中华传统文化。同济学生先后在俄罗斯、德国、芬兰、韩国、摩洛哥等地的大学上演京剧昆曲剧目和民乐节目，在世界舞台演绎中华艺术，传递"大美中国"的文化印象。

留学生学写中国书法

三、以音乐为媒促进中外人文交流

同济大学德国音乐周是中外人文交流中别具一格的文化品牌。它以音乐为媒，搭建起一座牢固的沟通和理解之桥，促进了中德两国人民，特别是青年一代的相互认同、相互尊重和相互合作，拉近了彼此心灵的距离，成为中外人文交流的生动实践。德国音乐周自2015年首创以来已成功举办八届，累计举办了40多场国际水准的音乐会及讲座，邀请外籍艺术家50余人次来同济大学交流演出。中德音乐家同台献演，精彩纷呈，万余名同济学子来到音乐会现场，享受到德国经典室内乐的美妙，活动吸引超百万音乐爱好者在线观看。音乐周期间，中外同行云集，交流管弦技艺，演奏中西方古典乐曲，共同促进艺术教育的发展。

自2016年起，"德国音乐周"邀请了多位中国艺术家与德国艺术家一同参演，音乐会的曲目中还特别加入中国音乐的原创作品，由德方艺术家演奏呈现，将中国元素带入了国际交流的舞台。

第六届德国音乐周——"疫情下与后疫情时期的音乐与生活"分享会

四、以中医药与中华诗词为主题拓展第二课堂实践

学习中国传统文化未必只能在课堂内,留学生通过实践认识中国、传播中国,是世界理解中国的重要途径。同济大学首创"留学生中国生态文明体验区""留学生中医文化体验园",在留学生教育中融入劳动教育,由留学生亲手开辟园地,种植、认养、看护中草药,体验中医诊疗项目,零距离感受中医文化。留学生逐步认识了中医文化中"道法自然"的生命观、万物相生相克的哲学观,为留学生讲好中国故事、助推中华文化"走出去"提供思想源泉和生活素材。

中华诗词是中华文化国际传播的重要载体。同济大学非常重视通过古典诗词提升留学生的中文表达能力,使其更深入地了解诗文的思想内容和中国美学。近年来,同济大学多次举办留学生诗词诵读大赛,并与上海教育电视台共同创办"上海外国人诗词大会",借助诗词吟诵、实景主题演绎等多种表达方式,让更多世界友人感受中华诗词跨越语言的魅力,体悟中国的审美与胸怀,思考中国的智慧与哲学,促进国际社会对中华文化的理解与认同。

留学生在"留学生中医文化体验园"种植艾草

《豪放 VS 婉约》留学生以诗言情、以诗会友

【思考与展望】

未来,学校将继续深入学习宣传贯彻党的二十大精神,发挥国际化优势,加强中外人文交流。一是坚守中华文化立场,在学习、力行、传播中弘扬中华传统美德和多元文化交流互鉴中增强文化自信。二是讲好中国故事、传播好中国声音,继续深化多种形式的中华文化传播和故事讲述,推动中华文化更好走向世界,增强中华文明影响力。

外事办公室:李静、周晴;国际文化交流学院:宗骞

致知力行，红色济译
——同济大学外国语学院开展红色文化国际传播

【核心阅读】

针对红色文化传播规划性不足、红色文化翻译准确性欠缺和译文表达可接受性不强等中国红色文化英译传播存在的问题，同济大学外国语学院聚焦三大先进文化之一的中国革命文化，以中国革命圣地为研究对象，以跨文化翻译传播为研究视角，将中国对外话语体系构建的理论思考和现实问题紧密结合。"红色济译"团队在红色文化翻译传播实践中"理解中国""讲述中国"，助力向世界展示"真实、立体、全面"的中国。

【做法与成效】

一、跨越七千公里，考察五大革命圣地

井冈山、瑞金、遵义、延安、西柏坡等五大标志性革命圣地镌刻着中国共产党的初心和波澜壮阔的发展历程。"红色济译"团队实地调研五地，研究革命圣地红色文化博物馆、纪念馆和革命旧址资料文献的翻译质量、红色文化对外传播的主体、渠道与方式，以及目标受众对红色文化的接受情况。团队先后采集中英文平行语料数千份，整理形成

"红色济译"团队在延安考察

逾 12 万字研究素材,为分析中国红色文化话语和开展对外传播理论研究与实践探索奠定了基础。深入调研革命历史事件、人物、文物叙述与描写等对外传播素材运用情况,对革命圣地的管理者、相关工作人员和研究人员等红色文化对外传播践行者进行访谈,了解革命圣地在对外传播过程中所遇问题。调研革命圣地的传播方式,研究如何通过媒介、多模态传播等展现红色文化的重要手段将红色文化的中国性、革命性和故事性融于一体,提升传播效果。

  团队深入学习习近平总书记关于三大文化以及"加强国际传播能力建设,精心构建新时代对外话语体系"的重要论述,通过理论学习夯实基础,把握红色革命文化国际传播的必要性和重要性;分析红色文化译本,剖析国际传播现状,总结现存问题。随后,"红色济译"团队走访了 19 处革命圣地,以实地拍摄、录音转写等方法收集译文,利用 OCR 文字识别软件,经文本清洁、对齐和标注,形成红色文化英译语料库;并借助 AntConc、WordSmith 等软件进行梳理、分析和评价,再经词频统计、术语校准等程序,构建"红色文化翻译术语库"及知识库。通过问卷调查,了解国外受众对中国红色文化的了解程度、态度和情感。访谈外宣与翻译专家学者等中国红色文化对外传播主体,了

井冈山	瑞金	遵义	延安	西柏坡
井冈山会师纪念馆	叶坪景区（包括红军烈士纪念亭、红军检阅台）	遵义会议纪念馆	杨家岭革命旧址	西柏坡陈列展览馆
黄洋界	中华苏维埃纪念园（包括中央革命根据地历史博物馆）	娄山关（包括红军战斗遗址、娄山关陈列馆）	中共西北局革命旧址	中共中央旧址大院
毛泽东旧居	沙洲坝红井景区		延安革命纪念馆	西柏坡纪念碑、石刻园
井冈山革命博物馆	中华苏维埃共和国第二次全国代表大会旧址		枣园革命旧址	
朱毛红军挑粮小道			延安宝塔山	

"红色济译"团队走访的革命圣地

解他们对红色文化对外翻译与传播的理论探究和工作实践状况，综合评估红色文化的翻译、传播与接受现状。

二、聚焦现实问题、破解红色文化外译传播痛点

团队根据实地采集的各项调研访谈结果，以民族志方法综合探究传播方式、传播过程和传播受众中遇到的问题并向各个调研地区反馈。团队发现中国红色文化英译传播存

"红色济译"团队成员在井冈山考察

在三个主要问题：红色文化传播规划性不足、红色文化翻译准确性欠缺和译文表达可接受性不强。

在中国红色文化的对外传播规划方面，团队研究发现对外传播整体规划不足，各个环节间缺少有效的协调机制。当前红色文化传播主要围绕革命人物、革命事件和革命物品开展碎片化叙事，红色文化对外传播以个案翻译为主，缺乏整体图景的展示；红色文化对外传播模式较为单一，革命圣地展出的相关红色书籍多为厚重的历史读本或研究资料，外语译本极少，对外传播的形式也较为单一，缺乏图像、绘本、视频、图标等多模态呈现；红色文化对外传播互动性不足，未有效利用科技手段，仿真浸入、体验式的"科技+博物馆"模式尚处于初始阶段，应加强技术赋能的红色文化"VR数字展厅"和可穿戴设备等融合故事性和时代感的传播形态。

在红色文化翻译方面，团队发现翻译的准确性存在欠缺。在调研中，团队发现部分红色文化关键词翻译的准确性明显不够，具体包括红色术语翻译不当、中式英语表达冗长难懂、重要信息多处漏译，以及译文表达的可接受性不强。部分红色革命圣地的英文信息语义重复堆砌、英译逻辑含糊、中外文化差异未弥合。例如，将"红军冲破国

"红色济译"团队现场采集语料

民党军队的围追堵截"译为"after breaking through the enemy's encirclements, pursuits and blockades","encirclements, pursuits and blockade"三词混用,看似语义丰富,实则让人困惑。这与相关英译本译者缺乏跨文化传播意识有关。某些术语和概念根植于中国红色文化和革命话语体系,在英文中很难找到对应表达。多处译文均未能跨越文化障碍,无法有效传达原文内涵,也无法让受众有效接受。

三、为祖国建言献策、提升红色文化英译传播效果

针对上述问题,外国语学院提出了一系列建议并获得革命圣地好评,井冈山革命博物馆、延安革命纪念馆、遵义会议纪念馆、宜宾李庄等地向团队以及所在学院和党支部发来感谢信。团队主要提出以下几方面建议。

(一)加强红色文化外译传播规划,建立多层面联动合作机制

由当地外宣管理部门和红色文化资源管理机构引领,高校、科研机构和民间企事业单位通力协作,对传播主体、对象、内容、路径以及接受效果等各环节进行优化,建立起理论研究和实践应用相结合的讲好红色故事的方法策略和联动机制。

(二)推行红色文化术语翻译标准化,建立专门术语库及知识库

"红色济译"团队在国家社科基金重大项目首席专家吴贇教授带领下,采集中国红色文化国际传播的第一手语料,总结红色文化英译实践成果,编制了《中国红色革命文化术语英文译写指南》。该指南以中英文对照的形式,收集了600余条中国红色革命文化术语和20余万字的红色文献英译与修订任务,以期解决当下红色文化关键词因译法不一而产生的理解困惑和跨文化交流障碍。该指南已在全国主要革命圣地场馆开始发放,并通过互联网平台向公众传播,旨在助力改善当前红色翻译的忠实性和准确性、功能性与接受性问题。团队将研究成果高效转化,向主管部门建言献策,其中两份专报获教育部批示。

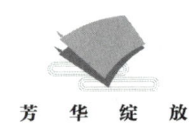

三个版本的《中国红色革命文化术语英文译写指南》

（三）成立红色文化翻译传播基地，培养高层次对外传播人才

在调研中发现不少革命圣地将翻译工作外包给从事展览和广告服务的业务公司，造成各地红色文化传播文本英译质量参差不齐。团队建议，一方面可依托高校的学术资源和翻译专业优势，定期开展专业化项目培训，不断提高翻译人员和一线外文讲解员等的专业水平和业务素养；另一方面在高校人才培养体系中，丰富人才培养方案，开辟专门课程，培养红色文化的专业化翻译和传播人才。团队依托红色资源优势，开发建成"中国红色文化英译与传播""中国特色话语翻译"等市级或校级重点课程，探索建设"中

团队吴赟教授指导同学操作虚拟仿真实验

国红色文化翻译传播虚拟仿真实验",为学生奠定革命文化故事对外讲述的坚实基础,在教学改革和教学实践中取得显著成效。同学们借助VR、融媒体、社交网络等"云"平台,化身红色文化传播使者。

(四)以红色故事为内核,实现多模态、多媒介、多元化传播

团队建议以红色故事为内核,拍摄纪录片、短视频,制作动画或漫画等,在YouTube、Facebook等海外媒体多模态、多元化、立体化地讲述红色故事;建设红色文化对外传播网站和"两微一端"媒体平台,增设基于标志性革命事件或英雄事迹的体验馆,开发实景或虚拟场景体验项目,增加受众沉浸感;设置游客留言簿,做好回访,培养中国红色故事的海外讲述人。

"红色济译"团队项目构建的中国红色故事对外翻译与传播新模式,是践行习近平总书记关于利用好红色资源、发扬好红色传统、传承好红色基因指示的创新性探索,是向世界讲述和传播红色文化的良好尝试。

【思考与展望】

面向未来,"红色济译"团队将深化研究,持续助力构建中国红色故事对外翻译与传播新模式,向世界讲述传播红色文化。一是继续立足外语学科优势,向世界阐释好中国的红色革命故事。与井冈山革命博物馆、延安鲁艺文艺园区等革命圣地签订外译协议,深度翻译中国红色文化故事短视频,力求更加充分、鲜明地展现中国红色文化故事及其背后的价值观念。二是基于《红色文化翻译传播指南》,提升全国主要革命圣地红色文化翻译水平。通过互联网向公众传播,助力解决红色文化关键词因译法不一而产生的理解困惑和跨文化交流障碍。三是不断完善"中国红色文化翻译术语库",共享术语库,推动红色术语翻译标准化和信息化。持续运营红色文化译介新媒体平台,实现多模态、多媒介、多元化传播,定期发布红色文化推送,助力中国红色文化国际传播。

外国语学院:吴赟、岳剑锋

芳 华 绽 放

发挥留学生优势，传播中国故事

【核心阅读】

中国故事讲什么，如何讲，由谁来讲，才更容易被国际社会认可，才能更好地传播中华文化？"熊猫叨叨"给出了很好的答案。"熊猫叨叨"短视频主创团队为一群来自世界各地、对中国好奇、对未来憧憬的国际学生，以美食、语言、文化、历史、生活、学习、旅游、热点事件为载体，从国际学生的视角制作短视频，多角度、多维度、多层次地对焦当代中国，实事求是地讲好中国人民奋斗圆梦的故事，通过社交媒体和网络平台，向亲人朋友分享身边这些生动的"中国故事"，向世界介绍中国文化、中国道路、中国制度和中国理论，展示真实、立体、全面的中国。

【做法与成效】

"熊猫叨叨"短视频栏目 2020 年 4 月孕育于寂静的同济大学校园，彼时新冠疫情正在全球蔓延，国际交流随之戛然而止，国际学生们尝试着把身边的事情拍摄成生动有趣的短视频，分享给境外的国际学生和异国他乡的亲友们。目前，同济大学国际文化交流学院的微信公众号和"熊猫叨叨行走看中国"微信公众号已累计推出三十余期视频。

一、扩展观察视角,丰富传播主题

"熊猫叨叨"短视频以国际学生视角,以声代文,图文并茂,由来自不同国家的国际学生,用流利程度不同的中文讲述亲身经历的原创性中国故事。自发布以来,深受国际学生及国内师生的关注和喜爱。

短视频板块分为四大模块:校园生活、中国故事、中外青年说以及中国国情。主题从介绍身边校园小事、中国美食、地方特色,逐渐扩展到中国传统文化品鉴、中国政府举措评述、中外文化差异对比,从关乎民生的衣食住行到关乎未来的科技大计。

二、行走中看中国,放大传播效果

以新媒体为媒介的文化交融是当今世界势不可挡的趋势。"熊猫叨叨"短视频团队利用线下实践、线上线下传播相结合的方式,通过不同地域的实地行走,体验地域文化

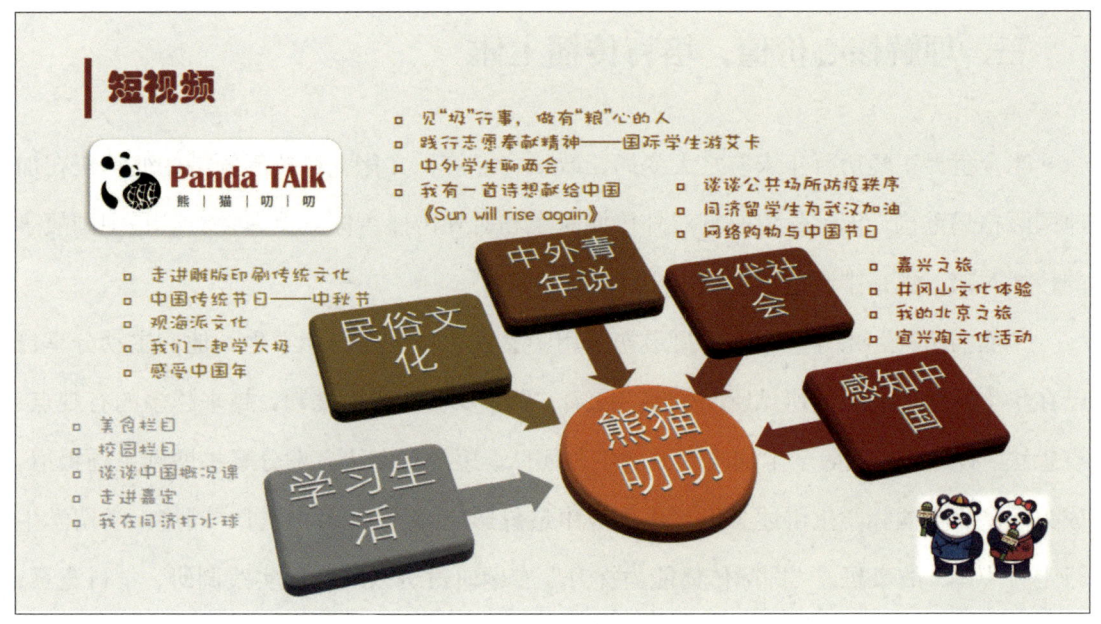

"熊猫叨叨"短视频的内容构成

优势，观察日常化、生活化的当代中国，对比历史之中国、传统之中国、发展之中国、现代之中国，思考今日中国从哪里来，有什么样的文化根基，经历了怎样的发展历程，从而理解"中国为什么能"。"熊猫叨叨"团队在山东、云南、海南、上海等地，通过探访历史古迹、现代企业、革命圣地和新农村等，在实践中"行万里路"，亲历了不同的自然风光、民俗风情和发展变迁，逐步"知华、友华、爱华"，进而主动宣传中华。

"熊猫叨叨"短视频通过微信公众号、B站、爱中文海外平台、抖音、脸书（Facebook）、油管（YouTube）以及同济大学四所海外孔子学院和三所孔子课堂的网络平台推广，海外粉丝遍布五大洲185个国家。

"熊猫叨叨——国际学生讲中国故事"采编播团队先后获得第七届及第八届中国国际"互联网+"大学生创新创业大赛全国铜奖、2021年"知行杯"上海市大学生社会实践项目大赛特等奖、国家留学基金委"感知中国"短视频奖等多个奖项。"熊猫叨叨"迅速成长为国际学生理解中国的品牌，引起了人民日报（海外版）、文汇报等多家媒体的关注，获得教育部中外语言交流合作中心、中国教育国际交流协会的资助，并得到同济大学出版社、山东画报出版社、三联书店等多家出版机构的支持。

三、理解核心价值，培育传播主体

当今世界正经历百年未有之大变局，政治、经济、文化、科技等领域的变革正在加速国际格局重构。国际学生兼具对外传播对象和对外传播主体双重属性，既是中国故事的传播对象，也是中国故事的叙事主体。

"熊猫叨叨"系列视频的主播最初是用中文表达自信的国际学生，他们主动分享自己在华生活学习期间的所见所闻所感。随着"熊猫叨叨"不断涨粉，越来越多的有观点、有想法、有热情的国际学生加入开放的主创团队，短视频也从自发分享扩展到主题报道，成为同济大学国际学生讲述Z世代中国故事最具影响力的平台。通过"同济大学留学生行走看中国"故事班、"国际传播能力提升"专题研讨班以及各类实践调研、学科竞赛，从不同层次拓展国际学生对中国的认识。借助这一平台，国际学生以"洋口"讲好"洋眼"所看到的中国故事，真实表达对中国社会和人民生活的感受，进而理解中国智慧和精神内涵，成为积极传播中华文化的转述者，完成了中国故事"他者"传播主体的自我培育与长成。

四、特色案例——认识红色文化，讲好中国故事

随着对中国的适应和熟悉，在华的国际学生开始对中国的红色文化产生好奇，探究是怎样的执政党、怎样的中国特色制度使得中国取得如此巨大的发展。同时，对中华人民共和国的建立历程、中国共产党的发展史也产生了浓厚的兴趣。

习近平总书记指出，"读懂今天的中国，必须读懂中国共产党"。在中共一大会址纪念馆，"熊猫叨叨"团队了解了中国共产党的诞生历程和建党初期中国共产党在上海的革命实践，从一件件刻满记忆的历史文物和一张张弥足珍贵的老照片中，感受中国共

"熊猫叨叨"团队参观中共一大会址纪念馆

产党初心始发地的红色故事,以及故事中展现的伟大精神。

中国近代历史上的重要人物,也是国际学生了解红色文化的源泉。"熊猫叨叨"团队走进宋庆龄故居,了解这位被誉为"国之瑰宝"的20世纪伟大女性。参观前,学院发布推送《宋庆龄是谁》,并在课程和作业中加入宋庆龄相关的阅读材料,帮助国际学生提前了解这位举世闻名的爱国主义、民主主义、国际主义、共产主义的伟大战士。

通过中国学生的讲述,国际学生详细了解宋庆龄和孙中山学习、工作和生活的点点滴滴。看到具有自己国家民俗特色的物件或者听到宋庆龄曾经在此地接待自己国家领导人的故事时,国际学生异常激动,与中国学生展开热烈讨论。在文物馆宋庆龄与中外人士的通信与照片中所展现的她的求学历程、家族亲情以及与孙中山精诚无间的爱情都深深吸引着学生们。

两会不仅可以了解中国当代文化,也是观察中国的窗口。"熊猫叨叨"团队邀请中国学生一起共同研读两会报告,学习两会热词"今年经济社会发展目标""脱贫攻坚""民法典草案""民生保障""外部环境应对"。中外学生共同分享"绿水青山就是金山银山""地毯经济"等新理念。

中国学生介绍道,"小康"是比较富裕的意思,这使国际学生们联想到本国民众也同样需要人民能安居乐业的社会;小康社会不仅仅是解决温饱问题,还要从政治、经济、文化、社会、生态等各方面满足城乡发展需要。

国际文化交流学院本着"一个初心、二份使命、三大主题、四种途径"的指导思想,引导中外学生合力打造"熊猫叨叨 Panda Talk"短视频品牌,从国际学生视角,选择有吸引力、针对性强的题材,客观中立、以小见大,强化国际学生的中国理解教育,培养

"熊猫叨叨"部分红色视频(从左至右依次为探访中共一大会址、中外青年聊两会、走进宋庆龄故居)

国际文化交流学院引导中外学生打造"熊猫叨叨"品牌的架构

Z世代中国故事传播者，努力推动中华文化更好地走出去，展示全面、真实、立体的中国。

【思考与展望】

短视频作为一种新型传播媒介，近年来呈现爆发式的增长态势，日渐成为讲好中国故事的重要窗口。"熊猫叨叨"短视频基于国际学生视角对中国的观察、认识和思考，讲述国际学生眼中的中国故事，是中华文化国际传播的有效途径。学院将继续依托通识课程和日常生活，帮助国际学生形成唯物史观和正确的中国观，引导他们既讲好"大故事"又讲好"小故事"，行走看中国中找寻了解中国的观察点和认识中国社会的视角，在构建有故事价值、跨文化传播价值的传播内容中赋能情感价值，培养具有跨文化沟通和传播能力的"Z世代中华文化传播者"。与此同时，发挥国际学生对中国故事具有"明道信道"的独特优势，放大以"熊猫叨叨"为品牌的国际学生讲中国故事的平台"扩音器"效应，多措并举助力国际学生从"他者"视角多元立体传播中国故事，通过他们在世界范围内进行多语种传播乃至实践，增强中华文化柔性表达的国际传播力和影响力，增进世界对中国特色社会主义和中国式现代化的认知认同。此外，通过"熊猫叨叨"短视频制作团队的合作，以学思践悟促知行合一，拓展中外学生融合的第二课堂实践，从中国的历史与发展中认识当代中国，推进中外学子的思想交流，推动文明互鉴，探索国际学生思政教育理论及国际学生中国能力培养的实践模式，在中国理解教育领域形成同济特色的标志性成果。

国际文化交流学院：宗骞、时玥

芳 华 绽 放

展示同济形象,聚力全球传播
——IP SHANGHAI 同济大学号运营做法分享

【核心阅读】

IP SHANGHAI 由上海市委宣传部、市委外宣办举办,是国内首个集聚合征集、共享传播、孵化创新于一体的数字化城市形象资源共享平台。学校融媒体中心 IP SHANGHAI 同济大学号运营团队着力做好优质内容供给,打造文化 IP,用活用好 IP SHANGHAI 平台,促进了校园融媒体生态建设,提升了主流舆论的传播力、引导力、影响力、公信力。2022 年 11 月 8 日,在第五届进博会新闻中心举办的上海城市形象资源共享平台——IP SHANGHAI(www.ipshanghai.cn)上线一周年活动上,同济大学获 IP SHANGHAI 年度资源贡献榜第一的好成绩。一年来,学校 4 次获 IP SHANGHAI 月度排行榜全市第一,3 次作为唯一上榜高校获月度排行榜全市第二。

【做法与成效】

一、打造强大队伍,构筑网络育人矩阵

在学校党委宣传部领导的支持下,以 IP SHANGHAI 同济大学号运营教师为团队负

同济大学获评 IP SHANGHAI 年度贡献单位

责人，组建了一支作风务实、能拍会写、网络媒介素养高的运营团队。

（一）精细团队分工，组建四个运营部门

运营团队下设策划部、文案部、视觉部、编辑部四个核心部门，由人文学院、设计创意学院、马克思主义学院、艺术与传媒学院、国际文化交流学院等跨学科学生组成，分别负责主题活动的策划、文案撰写、短视频拍摄、图片设计以及融媒矩阵资源的搜集和编辑等工作。团队建立了固定时间召开工作例会的制度，策划选题、制定方案、沟通进展。各部门学生既各司其职，又互相支持、密切协作。专题活动采用项目制方式运行，探索形成统一协调、科学高效的适应互联网传播的内容生产体系。

同济大学位居月度十佳内容共享机构榜首

（二）加强全媒体能力培训，营造良好工作氛围

作为国内首个集聚合征集、共享传播、孵化创新于一体的数字化城市形象资源共享平台，IP SHANGHAI 致力打造数字世界的上海形象。如何建立交互共生的上海故事创作社区，推动"传播+应用"型的城市形象推广模式？平台和用户都在不断探索创新。团队工作例会上，都会对工作成果进行阶段性总结，对获得学校首页推荐的稿件、审核通过或不通过的稿件以及其他账号的优质稿件进行深入分析，及时按需调整主题内容发布优先级。运营过程中，通过实地参观、团队建设、评优评奖等方式，加强全媒体能力培训，提升工作积极性。

二、注重精准传播，展现同济特色视觉文化

针对 IP SHANGHAI 打造具有全球影响力，促进全球用户创作、共享、共同传播上海城市形象的平台定位，同济大学号在运营过程中抓准平台调性，聚焦视觉设计，挖掘学校特色，聚力编辑创作图解、动图、图文、音视频等新闻作品。

（一）聚焦视觉设计，形成适应互联网传播的内容生产体系

随着智能手机和移动设备的逐步普及，读图时代悄然来临，文字阅读越来越向图片、视频为代表的视觉阅读偏好转向。在 IP SHANGHAI 同济大学号运营过程中，团队着力加强创意新闻海报、原创视频的制作，将创意表达、情感共振呈现于一屏一页，这些"冒着热气""沾着露珠""带着泥土"的作品通过手机屏幕传递给用户方寸间的温暖，用户易于阅读、乐于分享，增强了主流媒体的传播力、影响力。

（二）挖掘高校特色，推进同济品牌的塑造与传播

高校是传承文化、创新文化的重要载体，是城市活力、城市魅力、城市实力与城市动力的重要体现，更是城市形象的创作者、传播者和共享者。IP SHANGHAI 上线一年来，已吸引 500 余家重点机构入驻，超过 2 万名专业创作者注册。IP SHANGHAI 同济大学号自 2022 年 9 月平台数据迁移以来，共上传 2000 余条信息，涵盖出版物、美文、视频、图片、声音等多媒体形态。其中，关于校园风景、校园图书出版、校园有影响力的学者活动等图文作品受到了平台和受众的推荐和欢迎。如 2022 年"大上海保卫战"期间，同济大学学生手捧书本，在操场上有序等待核酸检测的照片感动了无数网友。再如，2022 年 11 月同济大学举办了"金石声德国留影"展，展现中国城市规划教育的重要奠基人之一、同济大学城市规划专业创办人、国内知名的摄影艺术家金经昌先生（笔名金石声）的人文摄影艺术作品。相关选题报 IP SHANGHAI 平台编辑后，迅速得到了平台响应和重视，相关报道上传至平台后，受到了头条推荐。

同济大学入选的部分新闻作品

三、聚焦全球传播，助力塑造上海城市形象

IP SHANGHAI 自诞生之日起，就被赋予了对外传播的功能。向世界展示高品质的生活、讲述上海活力、承载海派文化是创建 IP SHANGHAI 的主要出发点。国际交流合作是大学的五大职能之一，IP SHANGHAI 同济大学号依托学校国际文化交流的学科优势，打造独具同济特色的国际传播融合发布平台，为 IP SHANGHAI 展示上海城市形象提供了独特的高校视角。

（一）讲述上海活力，传承弘扬海派文化

上海位于中国海岸线中点，这个面向太平洋的港口曾被时代推到了西风东渐的门户位置上，中西文明在这里一次次交锋、交融。近代以来的上海，始终引领风气之先，海纳百川、追求卓越、开明睿智、大气谦和成为上海城市精神。IP SHANGHAI 平台着力呈现上海文化的肌理与品质、形态与内涵。IP SHANGHAI 同济大学号运营团队注重挖掘与传承弘扬海派文化相关的活动。如 2 月 5 日元宵节，上海汲古斋举办元宵笔会，同济大学汽车学院教师周德宽在福佑路 223 号新藏宝楼 6 楼举办手绘锦灰堆画展。"锦灰堆"是一种比较罕见的画种，源自古代文人雅士对书房常见杂物的描摹。周德宽自幼酷爱书画艺术，潜心研习数十载，尤以画蟋蟀、卢雁、"锦灰堆"扇面闻名于海上。相关报道得到了平台的认可和推荐。

（二）利用资源矩阵化优势，推动中外多元文化交融

作为海派文化 IP，IP SHANGHAI 平台力图架起联通中外、展示上海形象的桥梁。IP SHANGHAI 同济大学号运营团队利用学校资源矩阵化优势，协同国际文化交流学院、留学生办公室等部门，做好同济特色的优质内容供给。如，2022 年"大上海保卫战"期间，运营团队发布了 MV《We Are the World》，该视频由 33 名来自 20 个国家的同济留学生用母语演唱，向世界传达了面对疫情各国"命运与共"的信念。再如，春节期间，学校组织同济留学生从同济校园出发，来到张园、外滩，歌唱《我们在上海》。2 月 5 日元宵节当天，《我们在上海》视频被 IP SHANGHAI 平台头条推荐，IP SHANGHAI 微信视频号、澎湃新闻客户端同时发布，同济留学生青春的歌声和笑容感染了无数网友！网友留言评价：同心爱上海、爱中国。

通过一年多的建设，IP SHANGHAI 同济大学号育人功能彰显，团队全媒体技术与协作能力有效提升，得到了同济大学师生、校内外网友的认可，丰富了同济大学全媒体传播矩阵，提升了同济大学的形象和美誉度。

【思考与展望】

未来，IP SHANGHAI 同济大学号将按照学校融媒体中心关于推动学校媒体融合发展的部署，不断探索创新，助力平台建立交互共生的上海故事创作社区和"传播+应用"型的城市形象推广模式，走出一条符合学校实际，体现学校特色的融合发展路径。一是坚持互联网思维，推动融合发展。新兴媒体发展之快超乎想象，我们必须紧跟形势，强化用户意识。用户在哪里，我们的触角就伸到哪里，把集聚用户、留住用户、吸引更多的用户作为我们的重要工作，进一步扩大主流声音的影响力、传播力。二是优化新闻内容供给，创新表达方式、传播方式。创新内容表达，丰富呈现形式，在素材筛选、标题句和短视频方面下功夫，着力把主旋律的宣传做成有意思的产品，适应互联网传播规律。三是强化协同联动，构建大宣传工作格局。互联网的精髓就是开放共享，平台运营要想实现可持续发展，需不断推动平台与学校微信、微博、网站以及学校融媒体矩阵的深度融合，加强与学校其他部门的联动，和平台其他账号互动增粉。四是

加强学生队伍建设,探索全媒体语境下的网络育人新路径。利用学校学科优势,吸引更多心怀理想、业务精湛的学子加盟。建立鼓励创新的内部生态,形成符合新媒体特点的考核和激励体系。

党委宣传部:喻娟、莫文闻、聂阳阳

打造"同济学术品牌",展现同济出版文化传播新风格

【核心阅读】

出版物是传承文化、传播知识最为重要的载体,同济大学依托学校"城市+建筑"优势学科,多年来通过专业出版成果持续展现"同济学派""同济方案"的学术担当。学校通过城市与建筑文化类大众图书,服务上海未来发展,通过出版"走出去"在国际舞台上展现同济学者的学术风采,通过各种形式的文化传播活动,持续打造"同济品牌"的学术影响力和城市建筑文化传播力。作为上海市新闻出版局首批授牌的12个"上海学术·专业出版中心"之一,同济大学出版社"城市·建筑出版中心"连续8年获得上海文创资金资助扶持,"'城市·建筑出版中心'专业出版与城市建筑文化传播"获评同济大学2020—2021年度文化建设优秀项目。

【做法与成效】

陈从周先生的《说园》自1979年开始编撰,历经5年时间,在同济大学出版社建立之初即出版。该书勾勒出我国古代园林的发展轮廓,填补了我国古典园林文化研究的空白。罗小未先生的《外国建筑史图说》于1986年由同济大学出版社出版,该书集合了同济大学历次自编与合编的外国建筑史教材,脉络条理清晰,图文并茂,至今仍是中

国广大院校建筑史教育的经典教材。正是这些建社伊始就面世的经典图书,使得同济大学出版社从一开始就走在了我国城市建筑出版的前沿,奠定了其发展成为全国城市建筑出版高地的基础。挂牌于2015年的"城市·建筑出版中心",承续着一代又一代同济出版人的梦想,多年来以"大项目"为"经"、产品线为"纬",守正创新、矢志不渝地持续打造"同济品牌"的学术影响力和文化传播力。

一、立足优势学科,展现"同济学派"的科研担当、"同济方案"的实践创新

为学术传播服务是出版社的责任,"城市·建筑出版中心"依托同济学术大家、同济一流学科,主动策划重点项目,对接国家重大科技战略和发展规划,通过一大批国家级重点出版规划项目、主题出版项目、国家出版基金项目、国家科学技术学术著作出版基金项目,积极服务于国家重大战略,如依托建筑与城市规划学院策划组织"城乡建成遗产研究与保护丛书""国土空间规划丛书""'智慧城市2035'出版工程""中国乡村人居环境研究丛书",依托土木工程学院策划组织"城市地下空间出版工程",依托交通运输工程学院策划组织"面向未来的交通出版工程",依托城市风险管理研究院策划组织"城市安全风险管理丛书",依托机械与能源工程学院策划组织"中国建筑能效提升适宜技术丛书",依托经济与管理学院策划组织"中国大型枢纽机场建设与运营实践丛书"等,一项项科研成果得以精心策划、高质量出版并广泛传播,不断展现出"同济学派"与祖国同行、以科教济世的科研担当和实践创新。

a. "陈从周图说中国古典园林与住宅"与《说园(典藏版)》

b."城乡建成遗产研究与保护丛书"

c."'智慧城市2035'出版工程"

d."中国乡村人居环境研究丛书"

芳 华 绽 放

e. "城市地下空间出版工程"

f. "面向未来的交通出版工程·交通大数据系列"

g. "城市安全风险管理丛书"
同济大学出版社出版的部分学术类丛书

二、赓续同济文脉，以优秀出版物彰显同济"大先生"们的学术成果、为学风范

为同济的"大先生"们著书立说、弘扬同济学术精神是"城市·建筑出版中心"的重点工作之一。在编辑们的努力下，《李国豪》《中国桥梁史纲》《中国工程师史》《明师厚德 钻坚仰高——沈祖炎教授从教 60 周年纪念》《耄耋驻春——祝贺孙钧院士执教六十五春秋文集》《壮心集——项海帆论文集》《求是集：李杰教授论文选》《罗小未文集》《李德华文集》等成果陆续面世；同时中心立足学科史、专业史，深耕大学文化出版、文化传播，以系列出版物勾勒出百年同济发展史，形成凸显同济特色的大学文化精神。

a.《李国豪》

b.《中国桥梁史纲》

c.《中国工程师史》

d.《明师厚德 钻坚仰高——沈祖炎教授从教 60 周年纪念》

e.《耄耋驻春——祝贺孙钧院士执教六十五春秋文集》

f.《壮心集——项海帆论文集》

g.《求是集：李杰教授论文选》　　　　h."同济建筑规划大家"系列
　　　　　　　　　　　　　　　　　　　《罗小未文集》《李德华文集》

同济大学出版社出版的部分学科文化丛书

三、发挥专业力量，服务上海"建筑可阅读，街区宜漫步，城市有温度"未来发展图景

上海正在建设"令人向往的卓越的全球城市"，着力打造创新之城、人文之城、生态之城，"建筑可阅读，街区宜漫步，城市有温度"已成为上海未来发展的美丽图景，出版社"城市·建筑出版中心"积极响应，发挥专业作者资源优势，持续打造《上海近代建筑风格》《上海百年建筑史》《中国近代建筑史料汇编》等城市、建筑专业著作，以及《上海邬达克建筑地图》《上海武康路建筑地图》等"城市行走系列"，《腔调依旧老洋房》《气象万千苏州河》等"城市风景线·徒步上海系列丛书"的城市文化普及

a.《上海近代建筑风格》　　b.《上海百年建筑史》　　c.《中国近代建筑史料汇编》

d. "开放的上海城市建筑史丛书"

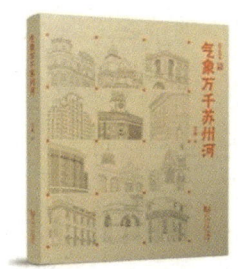

e. "城市风景线·徒步上海系列丛书"

f. "城市行走系列丛书"
同济大学出版社出版的城市系列丛书

类图书,服务于上海的城市发展,帮助市民通过同济学者的专业解读,阅读城市与建筑,感受在地文化的魅力。

芳华绽放

四、搭建图书"走出去"出版平台，为同济的城市、建筑、园林文化国际化传播添砖加瓦

同济大学长期以来一直是我国对德交流的窗口，且国际交流合作的平台已扩展到其他发达国家，如法国、意大利、美国、日本等，而国际化学术交流和成果传播也是同济大学的需求所在。出版社"城市·建筑出版中心"因势而动，依托社内的国际出版部，重点整合同济大学的城市、建筑、土木、交通等门类优势出版资源开展出版"走出去"，以增强同济学术的国际影响力。通过多年探索，走出了具有鲜明同济特色的品牌发展之路，如《中国桥梁史纲》（英文版）（德文版）、《中国古代机械文明史》（英文版）（德文版）（意大利文版）、《说园》（典藏版）（德文版）（俄文版）、《乌岩古村——黄岩历史文化村落再生》（英文版）、《中国工程师史》（阿拉伯语版）入选国家社科基金中华学术外译项目、经典中国国际出版工程、丝路书香工程，《上海近代建筑风格》《上海百年建筑史》《城市风险管理学》等著作的多语种版本正在组织"走出去"，目前版权输出的图书学科已涵盖城市规划与建筑设计、城市与建筑文化、土木工程与交通、艺术设计与设计教育等板块，已与十余家国际知名出版社达成了长期的战略合作。2020

近年已实现出版"走出去"的图书

年以来，同济大学出版社连续三年入围"中国图书海外馆藏影响力出版100强"，标志着"城市·建筑出版中心""走出去"战略取得良好成效，反哺了同济品牌国际影响力的提升。

五、构建出版传播矩阵，扩大"同济品牌"的城市建筑文化影响力

一方面通过国家级媒体、省部级媒体、新闻出版部门宣传口、专业领域媒体等四大纬度社会传播平台，围绕重点图书、重点项目组织策划专题性报道，比如同济大学城市风险管理研究院孙建平院长主编的《上海城市运行安全发展报告（2019—2020）》在新华社刊发的报道当日阅读量突破100万人次，《跟着档案看上海》入选"中国好书"月度榜单，获得中央电视台CCTV10《读书》栏目的专题推荐；另一方面积极组建自主运营的新媒体矩阵，形成以官网、微信公众号为主体，微博、澎湃号、人民号、头条号、B站等多平台联动的网络宣传格局，多次在全国高校出版社新媒体影响力排行榜中进入前10名。同时，充分利用一年一度的上海书展以及其他高端学术会议开展线下学术、文化传播活动，如2020上海书展期间举办了郑时龄院士作为主编和主讲嘉宾的《上海近代建筑风格》新书分享会，2021年10月举办了住房和城乡建设部原部长、同济大学兼职教授汪光焘先生主编的《城市交通与法治》研讨暨新书发布会等，均产生了热烈反响。2022年起，出版社与上海图书馆达成"阅读推广项目"战略合作，依托中心组织开展系列文化交流活动。

【思考与展望】

纵观"城市·建筑出版中心"的发展，它与同济大学全面推进文化传承与创新，践行以"同济天下、崇尚科学、创新引领、追求卓越"为特质的新时代同济文化发展如影随形。首先，立足母体大学的学科文化特质、学术资源是一切出版工作得以顺利开展的根基；其次，从根基上发展而来的专业出版、大众出版构成了出版工作的主干；再次，

不断创新传播途径、构建国内外新型融合传播生态，以"出版"这一小舞台的独特优势不断为大同济赋能，让同济这棵参天大树茁壮成长、开枝散叶则成为同济出版人的使命和追求。同济出版人将赓续同济文脉，以严谨的作风、务实的行动践行新时代同济文化、铸造同济品牌，持续打造以学术与文化传播为第一价值追求的文化家园，朝着建设中国特色世界一流大学目标迈出新的步伐。

同济大学出版社：胡毅、高晓辉、危红

讲好同济故事,提升大学文化传播力

【核心阅读】

大学文化是大学师生在长期教育教学、科学研究、社会服务、文化传承创新、国际合作交流等实践活动中共同创造和形成的精神成果。同济大学注重发挥好日常新闻报道在凝聚人心、提振信心、汇聚力量方面的特有作用,将"宣传思维"转向"故事思维",挖掘新闻故事背后所蕴藏的精神品质;将宏观叙事与微观叙事相结合,在新闻报道中力求"见人、见事、见精神",并顺应受众的阅读习惯,善于运用直观、动态、现场感强的短视频等新兴传播形态,提升大学文化的传播力,全面展示新时代迈向中国特色世界一流大学的同济大学新形象。

【做法与成效】

一、挖掘新闻事件背后的精神力量,提升大学文化的凝聚力

在新闻报道中,不仅报道同济人同济事,还注重挖掘这些新闻事件背后所彰显的同济精神、同济品格,实现新闻报道价值的升华,从而凝聚广大师生的奋进力量。

在报道同济人主动服务国家战略,为奋战脱贫攻坚、乡村振兴、海洋强国、交通强

国主战场，积极投身港珠澳大桥、北京城市副中心、雄安新区、北京大兴国际机场等重大工程建设所贡献的专业智慧时，通过生动的事例和朴素的话语展现同济人心怀"国之大者"，与祖国同行、以科教济世的爱国情怀和使命担当，以及当仁不让、奋勇攻坚的奋斗拼搏和坚持不懈的精神品格。

2018年10月24日，超级工程港珠澳大桥正式通车。同济大学党委宣传部经过十余年的跟踪积累，在当天推出了题为《港珠澳大桥建设中的"同济智慧"》的报道，展现了以孙钧院士为杰出代表的科研大团队不畏艰险、敢啃"硬骨头"的奋斗精神，并将他们在其中作出的重要贡献向各媒体推荐。经推荐申报，2019年3月，港珠澳大桥同济大学科研团队当选"2018上海教育年度新闻人物"。科研团队在沉管隧道抗震安全、沉管预制件早期性能、人工岛地基处理等多个重要领域攻坚克难，啃下了多块"硬骨头"，填补了国内乃至世界技术空白，为这一当今世界最长的跨海大桥建设提供了强有力的科技支撑。组委会授予港珠澳大桥同济大学科研团队的颁奖词是："在试错中敲开成功之门，在锤炼中勇攀工程'珠峰'。跨海桥连港珠澳，蜿蜒雄姿越伶仃。同心同德同舟楫，筑梦圆梦中国心。"

2019年9月25日，被外媒称为"新世界第七大奇迹"的北京大兴国际机场正式建成通航。我们在报道同济大学进度管控团队发挥专业优势、跨越一道道障碍、节约工期1.7个月、为机场建设与运营筹备按期完成保驾护航、助力北京新机场这只"金凤凰"展翅

《港珠澳大桥建设中的"同济智慧"》报道

高飞的同时,还将镜头对准同济大学团队中的青年学生。他们以报效祖国的赤诚之心勇担时代重任,勇于投身国家重大建设,在老师们的带领下,用责任使命和专业精神守护初心,在为祖国建设奋斗中坚定初心使命,以一系列高品质成果赢得机场建设指挥部的称赞。

二、将宏大叙事与鲜活个案相结合,提升大学文化的感召力

典型人物及其鲜活的故事最能打动人心。在开展重大主题报道中,不仅关注群像、团队所作所为,还要特别聚焦典型人物、先进个体,将宏大叙事与"以小见大"的微观叙事相结合,在讲述典型人物有血有肉的故事中完成了对重大主题的生动报道。

2018年2月,作为同济大学贯彻落实党的十九大提出的"实施乡村振兴战略"的一项具体行动,同济大学与黄岩共建的全国首家乡村振兴学院成立,致力于为推进乡村振兴战略提供经验和样本。学校在该报道中特别提及同济大学建筑与城市规划学院杨贵庆教授带领城乡规划学科在黄岩成立美丽乡村规划教学实践基地,持续多年在理论与实践教学、科研方面作出的积极探索。

2018年8月,中央电视台《新闻调查》以《教授下乡》为题,报道了手拄竹拐、肩背布袋、裤脚沾泥的杨贵庆教授带领团队多年来踏遍浙江台州黄岩的各个古老村落,

《"布袋教授"与他的乡村振兴实践》的重点报道

受邀作为乡村振兴的规划师指导当地进行村落改造复兴的故事。2019年5月13日,《解放日报》在头版头条位置推出了题为《"布袋教授"与他的乡村振兴实践》的报道。由此,杨贵庆教授向乡村"逆行"的事迹被越来越多的人所熟知。借由杨贵庆教授的故事,也呈现了他所代表的同济大学知识分子的情怀、责任与坚守。

2022年春季,在校园疫情阻击战中,学校的新闻报道在展现同济师生同舟共济、守望相助、共克时艰的全景图时,也挖掘、聚焦一些不同类别师生的典型个案。其中,有带头为学生送来一日三餐的海洋与地球科学学院翦知湣教授、临近退休仍坚持驻守校园的化学科学与工程学院朱仲良教授,有关心关爱学生、推进教学科研不止步的物理科学与工程学院王占山教授、生命科学与技术学院高绍荣教授、材料科学与工程学院杜建忠教授,有化身社区志愿者的全国人大代表、材料科学与工程学院张雄教授,下沉到社区、坚持为居民排忧解难的交通运输工程学院黄世泽副教授,有舍小家顾大家的新爸爸、新生院辅导员吴松柏……作为同济教师的优秀代表,他们非常时期的非常作为带给师生温暖的力量,也向社会传递了大学的精神和担当。

三、运用短视频等新兴传播形态,提升大学文化的影响力

随着数字技术的发展,媒体向移动化、社交化、可视化发展,媒体传播内容形态日益丰富多元。人们已不满足于文字、图片所传达的平面化新闻信息,近年来,生动、直观、直击现场的短视频异军突起,赢得广大受众青睐。学校的新闻实践中有两个案例颇具启发意义。

2021年4月初的一个晚上,汪品先院士开讲"科学与文化"第三讲。100分钟的授课结束,这时候按计划本来要送老先生回家歇息。未料到此时汪院士却执意要回办公室。他说:"这个点还不晚,还可以到办公室再工作一个多小时。"目送着老先生冒着绵绵春雨骑上自行车离去,宣传部老师在感佩之际赶紧拿出手机,抢拍下了这珍贵一幕。这个时长仅11秒的短视频在媒体上甫一发布,即刻引发各家媒体转发、无数网友热议,成为"爆款"。网友们为老一辈科学家献身科学、奋斗不息的精神而由衷感动、感慨,

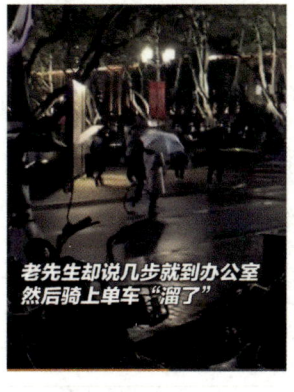

记录汪品先院士的短视频引发热议

纷纷留言点赞。在当晚特别的时间、特别的情境下捕捉到的这一影像，偶然得之、自然呈现，再无须一字一言，老一辈科学家对科学事业的执着坚守和奋斗精神跃然屏上、溢满屏幕，格外真实、动人，具有非同寻常的感染力。

同是在2021年4月，一段自然记录"无臂"考生彭超复试现场的真实影像，将励志哥的奋斗故事和自强精神生动呈现，直击人心。两只凳子、一张木板，组成了一张特殊的复试"书桌"。"无臂青年"彭超带着自信与从容，在上面用双脚写字，用与其他考生相同的时长，答完了复试试题。在得知这一场有温度的复试后，宣传部专门联系了考生报考的同济大学法学院，获得了这段珍贵的影像。人民日报评论指出，能托举起梦想的，不只是双臂，还有顽强的毅力和坚韧的恒心。

最是真实动人心。生动的影像自己能说话，同样是在讲故事，只有真实可信才富有感染力、感召力，给人带来感动、启迪和强大的精神动力。

当前，除了短视频，那些媒体融合、互动性强的H5，言简意赅、主题突出的海报，

直接、快速传播信息的长图,以及直播、漫画、数据新闻、图表图示等新媒体形态快速崛起,受到了大家的欢迎,运用好它们,可以通过"高流量"实现"正能量"的"广传播",从而提升大学文化的影响力。

【思考与展望】

近年来,同济大学紧跟新媒体发展步伐,在创新新闻表达、丰富报道形态等新闻传播实践中进行了一些积极探索,努力讲述更多有温度、有深度的同济人同济事,挖掘他们所代表的同济人身上共有"与祖国同行、以科教济世"的自觉价值追求和奋斗精神,从而增强了同济师生的归属感、认同感、荣誉感,凝聚全校师生砥砺奋进新征程、加快推进学校"双一流"建设的强大精神力量。未来,我们将继续深耕内容,丰富报道形态,讲好新时代同济人的新故事,向国内外生动展现同济新形象。

党委宣传部:黄艾娇

后 记

2022年11月,"同济大学高质量发展系列丛书"开始编写,《芳华绽放——新时代同济文化建设案例集(2018—2023)》分册的编写工作也随之正式启动。由党委宣传部牵头对照同济大学十一次党代会报告的要求,以及学校大学文化建设"十四五"规划的目标和建设任务,全面梳理了2018年以来学校文化建设的工作脉络和主要成果,并确定以"一心两环四平台",即以人的全面发展为核心,着力构建面向师生的文化建设工作内涵系统,推进"文化导向引领""文化环境培育""文化载体支撑""文化影响传播"四大平台建设为编写框架形成编写大纲。

为了使本书具有一定的思想性、可读性与启发性,本书的编写体例及写作风格力求生动活泼,体现同济传统、同济精神以及新时代同济文化的内涵。每篇文章由核心阅读、做法与成效、思考与展望三部分组成,并配以精美的图片。

在本书的编写中,运迪同志统筹第一篇的编写,顾旭峰同志统筹第二篇的编写,邹晓磊同志统筹第三篇的编写,李睿同志统筹第四篇的编写,喻娟与张铭旭两位同志负责联络、协调、资料收集及大量繁杂工作,纪检监察机构办公室、党委教师工作部、党委学生(研究生)工作部、基建处、对外联络与发展办公室、外事办公室、基础教育合作办学管理委员会办公室、工会、团委、图书馆、档案馆、上海同济后勤产业发展有限公司、同济大学出版社有限公司及各学院均给予了大力支持并积极参与,50余名同志参加本书的编写,最终形成文章45篇。在此,向各单位和参与编写、修改、审校工作的所有同志表示衷心的感谢。部分文章因为结构需要,与其他文章合并甚至删除,在此向作者表示诚挚的歉意与同样的感谢。

由于编写时间及工作组能力有限,本书还存在很多不足,还不能全面反映学校十一次党代会以来学校新时代文化建设的全部生动实践与卓越成效,请各位读者批评指正并多提宝贵意见。

本书编委会
2023年10月